Q&A on Studying Law

法学学習 Q&A

横田明美・小谷昌子・堀田周吾 著

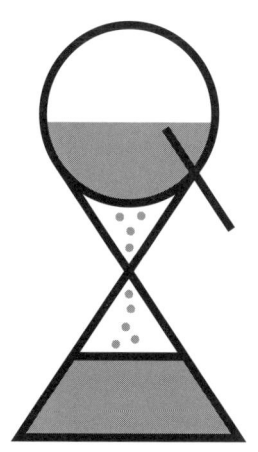

有斐閣

はじめに

　大学で法学を学びたいけれども，どうやって勉強を進めたらいいのかわからない……そんな悩みに答えるためにこの本は生まれました。3人の先生とろけっとぽっぽーが，あなたの学び方をサポートします。

■本書の構成とオススメの読み方

　本書は三つのPartにわかれています。Part1では，大学生活において多くの人がつまずく疑問について答えています。3人の先生がそれぞれ回答をしていますので，自分の状況や考え方にあったものはどれかな……と考えながら読んでください。高校生や初学者は，まずはPart1から順番に読んでいただくと良いでしょう。

　Part2では，法学学習のヒントになるような本を集めました。各頁は独立したブックガイドになっています。他のPartとのリンクも張ってありますので，関連する箇所を読みながら本を探すのもオススメです。

　Part3は，悩みつつ工夫をしている学生の皆さんと先生たちが意見交換をした「特別ゼミ」の記録です。科目の谷間に落ちてしまってなかなか教わる機会がない疑問に，正面から答えた内容になっています。実例も多く取り上げましたので，ぜひ，ご自身でも試してみてください。

■本書の狙い

　一つの疑問にあえて3人＋1羽（＋特別ゼミの学生も！）で答えています。それは，「答えは一つではない」世界で，試行錯誤をして欲しいという願いが込められています。皆さんも，自分なりの学び方を，Q&Aを通じて探してください。

　2019年2月　　　　　　　　　　　　　　　執筆者一同

目　次

―――― **Part1　法学学習 Q&A** ――――

大学とは

- Q00 大学ってどういうところ？ ……………………………… 2

法学とは

- Q01 法学ってそもそも勉強して何の役に立つの？ ………… 6
- Q02 法学科目の勉強を始める前に，やっておいたほうがいいことってある？ …………… 10
- Q03 どの科目をどういう順で取ったらいいの？ …………… 14

教材・六法

- Q04 教科書もいろいろあるし，六法も種類があるけれど，どれを使ったらいいの？ ……………………………… 16
- Q05 教科書や判例集はどの講義でも買うべき？ ………… 20
- Q06 六法って毎年新しいものを買わなきゃいけないの？　紙の六法は必要？ ………………………………………… 22
- Q07 ネットでいろいろな法律の条文や解説が読めるけど……勉強に使っていい？ ……………………………………… 24

授業・自習

- Q08 時間がないけど予習はしなきゃだめ？　復習とどっちに時間を割くべき？ ……………………… 26
- Q09 ノートのとり方はどうするのがベスト？　レジュメがあるならノートはいらない？ ……………… 30
- Q10 板書やパワポをスマホで撮っておきたいけどやっていい？ ……………………………………………… 32
- Q11 復習って何をどこまでやればいい？　参考文献とか見ないといけないの？ ……………………… 34
- Q12 わからないことを先生に質問してもいいの？ ………… 36
- Q13 定期試験って何が求められてるの？ ………………… 38

ゼミ・論文

- Q14 ゼミ（演習）って何をしているの？ 入ったほうがいい？ …… 42
- Q14⁺ ……ゼミってどう選んだらいいの？ …………………… 46
- Q15 レポートやレジュメはどう書いたらいいの？ ………… 48
- Q16 レポートやゼミの参考にWikipediaやブログを使ってもいい？ ………………… 50
- Q17 卒論って何？ 卒論は書いたほうがいいの？ ………… 52
- Q18 法律サークル・自主ゼミってどんなことをしてる？ どうやったら集められるかな？ ……………………… 54
- Q18⁺ ……とはいっても，学生同士でやって勉強になるの？ … 56
- Q19 ゼミは毎回出るべき？ 就活を優先して休んでもいい？ … 58

Part2　法学学習の「推し本」

- いろいろな法学科目を眺めてみよう ……………………………… 62
- 新書で法学を学んでみよう ………………………………………… 64
- レポートの書き方や思考法を身につけよう ……………………… 66
- 「知」の「巨人の肩」に乗り，心を整える方法 ………………… 68
- 法学部生なら知っておきたい！　必携参考書 …………………… 70
- 法学学習の方法を考える …………………………………………… 72
- 演習書のすすめ ……………………………………………………… 74
- 「一歩先」の学修のために ………………………………………… 76
- 他分野との交錯 ……………………………………………………… 78
- 異なる法学科目をつなぐ …………………………………………… 80
- 法と社会科学をつなぐ ……………………………………………… 82
- 研究者になるには？　学術論文を書いてみよう ………………… 84
- 映画と法 ……………………………………………………………… 86
- 法的な論点のあるフィクション …………………………………… 88
- 元最高裁判事の回顧録を読んでみよう …………………………… 90
- いろいろな進路を考える …………………………………………… 92

Part3 法学学習特別ゼミ

法学学習特別ゼミについて 96

ノートテイク

- Q01 〈授業内ノート〉
  書くのが追いつかない。抜けがあったらどうするの？ … 100
- Q02 〈授業内ノート〉
  どう書き取る？ 具体的な方法を教えて！ ……………… 104
- Q03 〈授業内ノート〉
  手書き以外でノートをとるのって，あり？ ……………… 108
- Q04 〈授業外ノート〉
  授業外ノートはそもそも作るべき？ ……………………… 112
- Q05 〈授業外ノート〉
  授業外ノートはどのようにして作ればいいの？ ………… 116
- Q06 〈授業外ノート〉
  授業外ノートのレイアウトはどうしたらいい？ ………… 120

その他

- Q07 横田先生の学生当時のノートの取り方は？ ……………… 124
- Q08 判例百選ってどう使ったらいいの？ …………………… 130
- Q09 答案って何をどこまで書いたらいいの？ ……………… 134
- Q09⁺ One more thing!
  判例を構造的に読んで答案作成の参考にしよう ……… 140

法学学習特別ゼミ おわりに 142

本書のコピー，スキャン，デジタル化等の無断複製は著作権法上での例外を除き禁じられています。本書を代行業者等の第三者に依頼してスキャンやデジタル化することは，たとえ個人や家庭内での利用でも著作権法違反です。

執筆者紹介

横田 明美　　千葉大学准教授
YOKOTA Akemi

　法政経学部という社会科学系複合学部での法学系教員として，1年次向け基礎ゼミや3年次以上配当の行政法と環境法，行政法演習などを担当しています。法学部・法科大学院・博士課程院生を経た自分自身の経験と，日々学生から聞いている悩み等をもとに執筆しました。私も試行錯誤のなかで法学学習が楽しくなりました。皆さんも色々と試してくださいね。

小谷 昌子　　帝京大学講師
KOTANI Masako

　大学では例年，学部1・2年生配当の民法（財産法）の各種科目と，3・4年生配当の医事法，専門演習などを担当しています。半分は教員として，もう半分は元大学生の立場からお答えしたつもりですが，私が学生時代，そして現在お世話になっている先生がたがお読みになったら「どの口がこんなことを」と絶句なさるのではないかと心配です。

堀田 周吾　　首都大学東京准教授
HOTTA Shugo

　専門は刑訴法です。大学で教え始めてから10年余りの間に，色々な考え方や将来への目標を持った学生と接してきました。法学を学ぶ人の動機は一様ではないですが，それらをすべて包み込んでしまう「懐の深さ」は，法学の魅力の一つではないかと思います。食わず嫌いにならずに踏み出してみれば，その奥深さと面白さにきっと気付くはずです。

ろけっとぽっぽーと仲間たち

ろけっとぽっぽー
　『ポケット六法』の言い間違えがきっかけとなって誕生した有斐閣の公式キャラクター。ロケットを頭上に冠した鳩です。ロケットの色は，その年の『ポケット六法』の色に合わせて変わります。本書ではQ&Aのまとめコメントを担当しています。

ホッホー博士
　本名ロケットホッホー（フクロウ）。成績優秀。夜に調べものが捗るため，ついつい夜更かししてしまう。

きょーちゃん
　いつもほんわか癒し系のお嬢さん（ウグイス）。あたたかい場所でひなたぼっこするのが大好きで，よく寝る。

Part 1

法学学習 Q&A

大学で法学の授業を受けるけれど，
どうやって勉強を進めたらいいのかよくわからない……
という人がよく抱く疑問に，
3人の先生とろけっとぽっぽーが答えます。
様々な解答の中から，受ける授業やゼミ，
自分の学習スタイルや目標に合うものを探してみてください。

＊Q14＋・Q18＋は法学教室451号別冊付録「法学学習Q&A」
を読んだ学生の「もっと聞きたい」に答えた追加項目です。

Q00 大学ってどういうところ？

大学とは

大学は「未知の事柄に
アプローチするための下準備」

　高校等から大学に進学した方には，「答えは一つじゃない」世界へようこそ，と伝えています。実は，小学校〜高校までの学習の中には，これまでの人類の「知」の蓄積を効率良く覚えられるように，「答えを一つ」に調整していることがあります（検定教科書という仕組みは，「現時点で正しいとされている事柄」をきちんと伝えるためのものです）。しかし，現実の問題にはいろいろな立場や考え方がありますし，解決策の組み合わせも無数にあります。その中での「答え」は，与えられたものもないし，「自分の頭で考える」必要がありますよね。このような「未知の問題へのアプローチ」を学ぶ，これが大学という場の意味だと，私自身は考えています。

　それでは，自分の頭で考えていれば，どんな答えでも

よいのでしょうか。そうでもありません。「プロなら知ってて当たり前」とされるような知識や方法を覚えつつ，それらの背景にある考え方や未知の事象に対応するための調べ方も学ぶ必要があります。これを「巨人の肩に乗る」という言い方をすることもあります。研究者にしろ，実務家にしろ，目の前の課題に取り組むときには，これまでの知見で対応できるのか，対応できないならどう考えれば良いのかを考えていくことになります。「自分の頭で考える」というのは，案外，難しいことなんですよ。

　……もちろん，この問いへの回答も「答えは一つ」ではないですよね。本書でのQ＆Aを通じて，自分の学び方について考えてもらえれば嬉しいです。

Q00 大学ってどういうところ？

二つの側面があります

みなさんがこれまで培ってきた基礎的な知識や教養を駆使して専門的かつ高度な学習をし，これを卒業後のキャリアに活かす，という流れの中に位置づけられる大学の意義は，卒業後の人生に「役に立つかどうか」という物差しによって測られがちです。ただ，そのような尺度だけで大学を評価するのはあまりにももったいないことです。大学は，各分野に関わる最先端の専門知に触れることのできる場所です。学問の動機は「役に立つかどうか」だけではありません。純粋な知的好奇心（というと身構えてしまうかもしれませんが，"素朴な疑問"でよいのです）に正面から向き合う機会としても，大学生活を捉えてみてはどうでしょうか。

社会のために「知」を生み出し蓄積するところ

　変な質問をします。大学って誰のものでしょうか。学生のもの？　それとも，経営者のもの？　そこに所属する職員，教員のものでしょうか。個人的には，そのどれでもなく大学は「社会のもの」だと考えています。

　大学には，書籍，設備，人といった物理的なリソースがあり，研究活動により何かを少しずつ明らかにする営みをしています。これらにより大学には「知」が生み出され，「知」が蓄積されるのです。こうした仕組みを社会が有することには，この「知」が産業などの面で役に立つという以上に様々な意味があるのではないでしょうか。大学にはそういう側面もあることを知っておいていただけたらと思います。

「知」の「巨人の肩」に乗って，さらに飛び立とう！

法学ってそもそも勉強して何の役に立つの？

実感しにくいかもしれないが

「法」は、「社会規範のうち、最終的には国家による強制をもって実現されるもの」と一般に定義され、紛争の予防・解決という役割を与えられています。初学者が学ぶ実定法学（憲法・民法・刑法など）は、法の解釈や立法を通じて、紛争の予防・解決のあり方を考察する学問です。現実に生じた紛争とそれに対する解決の結果を「判例」として学ぶ場面はありますが、多くの部分で抽象度の高い議論をします。

このような学問分野の性質上、「明日すぐに使える知識」を学べることが仮にあるとしても、おそらく例外的でしょう。そして、各分野の個別の知識をそのまま活かせる職業にすべての法学部生が就くわけでもありません。そういう即時的な効用を期待するとガッカリするかもしれません。

それでも法学を学ぶことが大事なのは，汎用性の高い能力が養われるというところにあります。すなわち，法学は「説得の学問」と形容されることがあります。それは，法的問題に対する解決が，論理的な思考だけではなく，幅広い視野とバランス感覚に裏打ちされた判断にも基づくべきことを意味します（そうでなければ，他者の賛同を得られません）。法学を学ぶことを通じて鍛えられるこれらの基礎的な能力は，法的なものに限らず，みなさんの社会生活の様々な場面で遭遇する問題の解決にきっと活かされるでしょう。すぐに実感することはできなくても，長い目で見て考えてもらいたいと思います。

Q01 法学ってそもそも勉強して何の役に立つの？

何が「役に立つ」んだろう？

　大学でインプットした知識や法解釈を大学卒業後の生活や仕事で使うか？　ということなら，役立つとはいえない場合もあると思います。法令は改正されることもあり，いつか大学で学んだことは「昔の」ものになってしまいます（ただし，その気になれば知識が錆びつかないよう磨く術を学ぶことはできるでしょう）。

　しかしそれ以上に，法学を学ぶことにより身につけることができるセンス，様々なスキルはどのような進路に進むとしても役立つものだと考えています。たとえば，論理的考察力，自分の考えを他人に文章でわかりやすく説明できる能力など，むしろこのようなスキルの獲得こそが大学で法学を学ぶ意義なのではないでしょうか。

法学が活かせる職業はいろいろあります

法学部に進学すると弁護士になるものだ,と私も高校時代はなんとなくそんな風に考えていましたが,弁護士の仕事だって一様ではありませんし,それ以外にもいろいろな職業があります。たとえば,企業の中で新規戦略を立てるにも,契約内容を見直すのにも法学の知見は欠かせません(企業法務)。また,国家公務員・地方公務員の権限は法で規律されているので,法学の考え方を根底からきちんと理解していないと,未知の問題に対処できなくなってしまいます。さらに,裁判所職員(書記官,家庭裁判所調査官)など,学生にはあまり知られていない職業も。他にもまだまだあるはずなので,ぜひ早めにいろいろな先輩や説明会に顔を出してみてください[「いろいろな進路を考える」→92頁]。

「考え方をどう活かすか」も考えてみよう!

Q02 法学科目の勉強を始める前に、やっておいたほうがいいことってある？

法学は「外国語」！
専門用語や法制執務を意識しよう

　法学では，いろいろな概念を学びます。それらの中には，聞き慣れない用語も多くありますし，日常的に使われている用語でも，それとは異なる意味が与えられているものもあります。また，文章の書き方もちょっと違います。「日本語だから読めるはず」と思って読んでしまうと，とんでもない勘違いにつながることがあります。法学は「外国語」だと思って丁寧に学びましょう。

　たとえば，行政法の最重要概念である「行政行為」は，単に行政が何か行為をすることを意味するのではなくて，特定の意味付けが与えられた四文字熟語です。ですから，もしあなたが答案で適当に「行政の行為」って書いてしまうと「ああこの人はきちんと学んでいないのだなあ」と思われてしまいます。

条文の書き方にも法制執務というルールがあって，「場合」・「とき」・「時」は使い分けていますし，「その他」と「その他の」では，意味が違います！　また，聞いただけでは区別できないものとしては，「者」「物」「もの」はいずれも同じ読みですが，まったく意味が違う代名詞です。このような法学用語の使い方について一つひとつの法学科目では時間をとって講義することはあまりありませんので，自学で補いましょう。実は小型六法に基本的なことは書いてありますし，今ではよい参考書（『条文の読み方』[→71頁] など）や法学用語辞典もありますよ。

Q02 法学科目の勉強を始める前に,
やっておいたほうがいいことってある？

手続法をかじっておこう

おそらくどの大学でも，最初に学ぶのは憲法・民法・刑法でしょう。これらの法を学ぶ際にも，判例を必ず読むことになります。その時，たとえば，地裁・高裁・最高裁の役割の違いや，判決と決定の違い，上告棄却・破棄自判等の意味など，裁判制度に関する基本的な知識が欠けていると，判例を正しく読むことができません。

民訴法等の手続法を学ぶのは通常2年次以降でしょうが，『判例の読み方』や『現代の裁判〔第7版〕』〔「法学部生なら知っておきたい！ 必携参考書」→70頁〕といった入門書で，最初に概要を勉強しておくことは有益です。また，裁判傍聴に行って実際の訴訟手続を目の当たりにすることで，具体的なイメージを持つことができるようになります。

好奇心や想像力を養おう

　法学，とくに実定法学において重要なものとして判例や事例があります。実際に起きたトラブルがどのように解決されたのか。あるルールがいかなるケースに適用され，他方でどの場合には適用されなかったのか。このようなことを知ることにより，ルール自体の理解も深まります。法学はルールをただ機械的に覚える学問ではないのです。

　判例を読む力は重要です。私は，法学の習得には「記憶力」より「好奇心，想像力」が重要と考えます。判例などで描写される自分に関わりのない出来事に興味を持てる好奇心，何が起きているのかイメージする想像力を養ってください。フィクション，ノンフィクション問わずいろいろな本を読むことをお勧めします［「映画と法」→86頁・「法的な論点のあるフィクション」→88頁］。

条文の成り立ちや判例の読み方を知っておくといいんだね！

どの科目をどういう順で
取ったらいいの？

順序をよく考えて

どの科目を／どの科目から履修するかは，基本的には学生の自由です。関心を持った科目を履修するのが一番です。ただ，多くの大学では，「履修モデル」や「標準履修年次」といったものが設定されていますから，それを参考にする必要があります。なぜかといえば，法学の各分野は相互に関連しており，ある分野を理解するためには別の分野について知っていることが前提とされる場合があるからです。たとえば，倒産法は，民法・商法・民訴法を一通り理解していないと難しいでしょう。「楽勝科目らしいから」「必修科目は1～2年生のうちにとっておきたいから」といった動機で履修する科目を選ぶのは，あなたのためになりませんよ。

履修モデルの重要性は踏まえたうえで……

　今は学年ごとの標準履修モデルがあり，各科目のシラバスなどにも事前に履修すべき科目が提示される場合が多いのではないでしょうか。しかしあえて言うなら，そもそも法学って「10を聞いて1を知る」ところがあると思うのです。「○○法入門」など学ぶうえで足がかりとなる科目は最初に履修すべきですし，また，初めから上級学年配当科目を履修することはお勧めしませんが，基礎科目を学んだ後は興味関心を重視して履修するのも「アリ」かなと思います。たとえば興味のある科目を中心に，その周辺科目を攻めるような科目選択はどうでしょう。ただし，「成績評価が甘い」といった邪な（？）履修の仕方をすると4年間で何も残らないこともあるので注意して。

> 単位の取りやすさで選ぶと後悔するよ。
> 目標と順番を考えよう

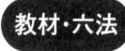

教科書もいろいろあるし，
六法も種類があるけれど，
どれを使ったらいいの？

法学書籍にもいろいろあって

　教科書として指定されることのある本には大きく分けて体系書とテキストがあります。体系書は，ある分野における基本原理や基礎理念を体系として整理し，それを余すところなく書き尽くした本です。論拠となっている一次文献（判例や論文）を示すために，脚注がたくさんあります。これに対して，テキストは「わかりやすさ」を重視した本。教えるための工夫が詰まっています。

　六法にも，条文だけが載っているものと解説・判例付きがあるほか，分野ごとの六法もあります。

　また，研究者や実務家がよく参照する本として，逐条解説（コンメンタール）があります。この形式の書籍では，ある法律について，1条ごと（場合によっては項・号の単位で）に条文と解説を載せています。その条文に関連する論点や判例，学説を網羅して執筆されたもので

す。法令の担当部局の方々が執筆することもあります。

　研究書は，1冊まるごと一つのテーマについて書かれた研究書（モノグラフ）もあれば，複数の論文を収めた論文集もあります。

　いろいろなパターンがあるので，本の「はしがき」「あとがき」を読むとよいでしょう。どのような編集方針かがわかります。

　このような法学書籍の広がりを知っておくと，文献検索や注の書き方の違いなども理解できるようになります。ぜひ法情報検索（リーガル・リサーチ）関連の書籍を見てください。

Q04 教科書もいろいろあるし，六法も種類が
あるけれど，どれを使ったらいいの？

まずは小型六法

　大学生にとって六法のスタンダードは小型六法（『ポケット六法』など）であり，これを持っていれば大きな問題は起きないのでは。その他の六法についていえば，自学用には有用ですが，大学の定期試験などでは持込みが制限されることが多いでしょう。

　教科書，参考書は指定されたものを除けば，究極的にはあなたが「わかりやすい」「自分の疑問に答えてくれる」と思うものを選ぶのが最もよいと思います。たくさんあるなかから選ぶのは無理と思うかもしれませんが，何冊か読むと「この先生は自分に合ってる」「いま必要なのはこの厚さの教科書」など，傾向が見えてくるはずです。図書館などで閲覧してみてください。

入り口から段々と奥深くへ

　最初から高度内容の学術論文を読んでも，理解するのはおそらく難しいでしょう。講義の段階では，まずは指定された教科書（テキスト，体系書）や判例集を使いこなし，余力があれば紹介された参考文献を読みます。ただ，ゼミに入ったり卒論を書いたりする段階では，テキストや体系書に記載されている内容だけでは不十分ですから，逐条解説を確認したり，定期刊行物（「法学教室」や「ジュリスト」など。大学の紀要もあります）や論文集，研究書に掲載されている学術論文を読むことになります。なお，論文には，研究者が書いたもののほかに，実務家が書いたものがあります。手続法の分野では，実務家の論文に触れることはとりわけ重要です。

教科書の脚注を手がかりにしたり，図書館も探索してみよう！

教科書や判例集は必携

科目で指定されている教科書や判例集を入手することは必須です。それらをどのような用途で使うべきかについては，講義担当教員の指示・説明をよく聴きましょう。教科書は，高校までとは異なり，講義の内容とすべて一致するとは限らず，予習・復習時の便宜のために指定されることも少なくありません。講義で聴いたことと比較しながら読むと勉強になります。もしも予習の段階で教科書の記述が難解だと感じるなら，入門書のようなものを別に入手して，まずはそれを読んでみることを勧めます。分野にもよりますが，『判例百選』等の判例集を入手して，事案と判旨をしっかり読み込むことも重要です。そのうえで，講義と比較しながら判例集の解説を読みましょう。

体系全体を俯瞰しながら自学するためにも必要

　正直に言うと,教科書以外の教材は,どれくらい使うか様子を見てから購入するのもアリかもしれません。でも「指定教科書なしでレジュメだけ」ではどうしても対応しきれないはず。教科書と教員の教え方の順番が違うこともあります。それは頭の中の「体系」が違ったり,教えやすい順番と「体系」としての正確性とが違うこともあるからです。全体を俯瞰する道しるべとしても最低限,教科書は買ってください。自分がどこをどう学んでいるのかを認識しながら学ぶには,教科書が必要です。

鳥の目で全体を眺めるために必要なんだねー

教材・六法

六法って毎年新しいものを買わなきゃいけないの？
紙の六法は必要？

コスト&ベネフィットの観点から

　紙の六法は1ページの情報量が多く，ある条文をひくと前後の条文以外の条文も目に入ります。これにより，法や制度の構造をつかみやすい利点があります。また，自分で色分けなどの工夫をするとより視認性が高くなりますが，これは電子書籍などではイマイチやりにくいものです。さらに，編集されているからこそ記されている「関連条文」などの情報も有用。そして，なんといっても法令改正があっても毎年アップデートしてくれて，最新の法令が収録されたものが手に入るという利便性。餅は餅屋といいますが，特に初学者段階では最新年度版の紙の六法を買うのが最もコストに対してベネフィットが大きいのでは？と思います。

古くなった六法は分冊にして書き込みサブノートにしよう

　毎年買い換えているともったいない……と思ったら，いっそのことカッターナイフで背を切って，分冊にしてみましょう。必要な部分だけ持ち歩けるので便利です。私自身は古い六法にはどんどん書き込みました［→ゼミQ07］。公務員試験や司法試験の過去問など，択一式問題の問題集を解いた後に間違えた箇所を確認して書き込んだり，原則と例外がややこしい条文（例：行政情報公開5条1号）を読むために色分けしたり……あなただけのサブノートとして常に持ち歩くようにすれば，自然と何度も条文を読むことになるのでオススメです！

ろけっとぽっぽーと友達になってくれるかな？
六法を持ち歩いてねー

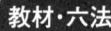

Q07 ネットでいろいろな法律の条文や解説が読めるけど……勉強に使っていい?

うまく使えば便利なツール

　私の担当科目の一つ,「医事法」では小型六法には収録されていない法令(たとえば「医師法」など)を取り扱います。環境法・消費者法・金融法など,医事法以外の発展的科目でも同様かもしれません。

　このようなとき,ウェブサイト(たとえばe-Gov〔イーガブ〕http://www.e-gov.go.jp/)で,必要な法令や条文を閲覧,プリントアウトできます。また,訓令・通達・通知,審議会の議事録,また各省庁が公表する統計データなどを参照すると学びがより充実するかもしれません。インターネットはうまく使えば便利なツールです。ただし,ウェブ上の情報は玉石混交なのも事実。「石」を見分ける能力も同時に養って［→Q&A Q16］［『リーガル・リサーチ〔第5版〕』→73頁］。

立法過程の資料も探してみよう

内閣提出法案（閣法）の場合，多くは所管官庁による説明資料がウェブサイト上に掲載されています。法律案そのものだけでなく，概要・要綱・制定（改正）理由・新旧対照表・参照条文などを順に見ていくことで，大づかみに法律案の概要をつかむことができます。また，法改正のために審議会や検討会を開催して専門家の意見を聞くことがありますが，その際の資料も参考になります。ただ，検索では直接 pdf ファイルが出てきてしまい，出所が不明なことも。そんなときは，タイトルやキーワードで検索をし直して，どの会議のどの部局がいつ作成したのかを確認するようにしましょう。後の議論で変更されていることも多いので，注意が必要です。

ウェブ上の情報もいろいろあるから信頼できるものを探そう！

授業・自習

時間がないけど予習はしなきゃだめ？ 復習とどっちに時間を割くべき？

あえて厳しい回答をします

あなたは何のために大学に入ったのでしょうか。いろいろな答えがあると思いますが，理想（建前？）の答えは，「学ぶため」ですよね。大学での勉学は，あくまで自分で学ぶことが主体で，講義はあなたの勉学の「目的」ではなく「手段」のはず。この手の質問をするのは講義を手段として見ていないからでは……。

理想論かもしれませんが，講義とは本来，みなさんが学ぶ過程で自らの理解を検証したり，理解できなかったところを補ったり，異なった見方に触れたりする場なのではないでしょうか。このように考えると，その講義に際して予習をしなければならないのか，予習と復習どちらが大事か，とはちょっとズレた質問のように感じられませんか？ 講義を受ければ，さらにいえばその科目の単位が取得できればそれで目的は達成されるのでしょうか。

とはいえ，すべての履修科目の内容について自学自習を主体に，講義は補充的なものとすることは実質的には無理でしょう。昨今，大学生には勉学以外のことで忙しくならざるをえない事情もあると聞きます。だからといって，理想を無視してほしくもありません。スケジュールとにらめっこしつつ限られた時間を割くならば，予習か復習のいずれかに重点を置くことになるでしょう。しかしそのどちらに重点を置くのかは，せめて自分の学び方に合わせ，それぞれの科目ごとに，自分で考え，工夫し，選んでほしいものです。

Q08 時間がないけど予習はしなきゃだめ？ 復習とどっちに時間を割くべき？

復習は欠かせません

予習と復習はいずれも大事ですが，もしも一方にしか時間を割けないということであれば，後者です。講義を一度聴いただけでその内容のすべてを理解し，しかも自らの知識として定着させることができる人は，ほとんどいません。その週の講義で学んだことを次の週の講義が始まる時点で忘れてしまっていたら，講義に出席する意味さえ疑わしくなります。講義についていけなくなり，やがて脱落してしまうでしょう。漆器の重ね塗りのような作業工程を想像してください。講義内容を何度も反芻することで初めて，理解が深まり，かつ，あなた自身の知識として定着していきます。定められた時間帯に講義に出席するだけが大学での勉強ではありません［→ゼミQ04～Q06］。

最低限の予習はしておこう

　法学学習のポイントは，外国語学習と似ています[→ Q&A Q02]。つまり，「知らないと聞き取れないし書き取れない」んです。だから，どうしても忙しくて予復習が間に合わない，なんとか講義には出る……というような危機的状況であれば，今日の講義で出てきそうなキーワードだけでも予習して把握しておきましょう（そのために教科書やレジュメがあるんです！）。ただ，こういう自転車操業的な講義の受け方はどこかで破綻するので，ちゃんとまとまった時間をとって復習もしてください（『カフェパウゼで法学を』[→ 85 頁] で詳述しました）。

結局，講義だけじゃだめなのねー

 ノートのとり方はどうするのがベスト？ レジュメがあるならノートはいらない？

単なる情報のキャプチャ作業ではない

　講義でノートをとることは，耳や目から入ってきた情報を，頭でいったん咀嚼・整理し，手で書き起こすという作業です。極端に記憶力のいい人なら別ですが，情報は多くの人にとってはインプットとアウトプットをすることで頭に入るものだと思います。また，自分で情報を取捨選択し，わかりやすくまとめるにはどうしたらいいかを試行錯誤したり工夫したりすることも情報処理の訓練の一環。講義中に「自分のやり方」でノートをとることは，結局は予習復習の苦労を減らす，効率のいい勉強法なのでは？　［『最強の法律学習ノート術』→73頁］

ノートの完成は講義後に

レジュメとは,「概要」「要約」という意味のフランス語です (résumé)。口頭で行われる講義について,受講者がその全体像を把握することができるように配付するのがレジュメです。どれだけ詳しいレジュメが配付されるとしても,それが講義内容のすべてではありませんから,口頭で話されたことも含め講義内容を後から詳細に確認できるようなノートを作ることは必須です。レジュメの余白に少し書き込んだだけで満足する学生がいますが,それでは不十分です。講義中はどこにメモしても構いませんが,復習時に,レジュメ,授業内ノート,教科書・判例集等の情報を集約・整理しながら,自分なりのノートを完成させるとよいでしょう。

復習での補充が大事！
ノートのとり方は特別ゼミ［→ 95 頁～］で！

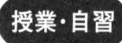

 板書やパワポを
スマホで撮っておきたいけど
やっていい？

そもそも必要ですか？

結論から言えば，担当教員が許可した場合には，撮影して構わないでしょう（ただし，SNS等で外部に公開するのはやめましょう）。裏を返せば，許可なく撮影するべきではない，ということです（録音についても同様）。

ただ，あえてレジュメに掲載して配付しないことには理由があるかもしれないと考えてください。特にパワポについては，「その場限り」の資料等を映写する場合があります。また，一言一句を正確に書き取らなければならないほどの重要な内容ではないという場合もあります。講義を聴いてメモを取りながら，必要に応じて（取捨選択して），板書・パワポの内容をメモすれば足りるのではないでしょうか [→ Q&A Q09]。

撮影 OK だとしても周りに配慮してね

講義内容には教員や教材作成者の著作権がありますし，頻繁に撮影すると他の学生の迷惑にもなりますから，撮影や録音は許可をとってから行ってください。私の講義では板書を多用するので，黒板を消す前に撮影タイムを設けています。教員によってかなり考え方が違うので，相談して指示に従ってください（学習障害がある方には合理的配慮として特別に許可することも。学生支援室などにも相談してください）。撮るだけで満足せず，ちゃんと復習に活かしてくださいね。

撮ってもいいか確認しよう！
撮りっぱなしにならないように注意！

授業・自習

Q11 復習って何をどこまでやればいい？ 参考文献とか見ないといけないの？

一概には言えないが……

　たとえば，かなり綿密に予習をして講義に臨む学生と，まったく予習をしない学生とでは「何を」「どこまで」復習すればいいのかが異なるはず。というわけで，なかなか「これをすればOK」と言うことは難しいです。また，どのように勉強するかは合う・合わないもあるので，自分でやり方を確立すること，自分で工夫や試行錯誤してみることをお勧めします。

　ただ，それではあまりにも素っ気ない回答ですね。到達点の一つの目安として，たとえば講義に欠席していた友人に，教員がしていた説明ができれば復習できているということにはなるでしょう。ノートを見ながらでも，どういうことが言われていたか，再現できますか？

教科書・判例集の熟読は必ず

ノートを見返して補充しながら、講義内容に対応する教科書や判例集の該当箇所をよく読むことは、どんなに忙しくても絶対にしてください。

学生のみなさんが心配する定期試験のことを見据えるならば、講義内容に即して一行問題を想定したり、市販の演習書に収録されている事例問題を使ったりして、答案を書いてみることをお勧めします [→ゼミ Q04]。そこで作成した解答例は、試験直前に大変役立つでしょう。

でも、単位取得だけを目標にするというのでは、なんとも平凡でつまらないですね。講義で示された参考文献を読んだり、ご自身が持った疑問に基づいてさらに調べてみたり、担当教員にその疑問をぶつけてみたりしてこそ、知的好奇心が育まれるというものです。

講義内容を再現できるか、がポイントだね！

授業・自習

わからないことを先生に質問してもいいの？

積極的に質問しましょう

　講義中や復習時に生じた疑問や理解が難しい箇所を未解決のまま放置するべきではありません。質問に来る熱心な学生はいつでも歓迎します。講義終了後に話しかけてみるのもよいですし，オフィス・アワー（学生の質問等に対応する時間帯）が設定されていれば，その時間に研究室等を訪ねてみましょう。オフィス・アワーがなくても，事前にアポをとれば問題ありません。ただし，教科書等を読めばすぐにわかるような初歩的な質問であったり，「何がわからないのかがわからない」という状態で相談に来られたりすると，こちらも困ってしまいます。まずは自分で調べたり友人と相談したりして，それでも解消できない疑問や問題を教員にぶつけてください。

むしろ質問をするつもりで講義に臨むと……

　私自身の法学学習を振り返ってみると，楽しくなってきたのは先生に講義後質問をするようになってからでした。何か質問をするつもりで予習して講義に臨み，復習をして，どうしてもわからないところやさらに論じてみたいところを先生に聞いてみる……そんなことを繰り返していたら，インプットもアウトプットも楽しくなってきたんです。大教室講義だからといって受動的に聴くだけにするのではなく，「なんか変なことはないかな？」とか，「もっと勉強してみたい！」と思う項目を探しつつ講義に臨むと，気合いの入り方が違いますよ。ぜひ，ゼミ（演習）も取ってくださいね［→ Q&A Q14］。

質問，ぱっちこーい！
（って，思ってるらしいよ！）

Q13 定期試験って何が求められてるの？

答案の書き方を訓練しておこう

　法律科目の定期試験では論述問題が出題されるのが一般的だと思います。論述問題には，主に，一行問題と事例問題があります。

　一行問題とは，「○○について論じなさい。」というように，抽象的な法概念や原理・原則，特定の制度等のテーマを挙げ，これについての理解を問う出題方式です。どんなことを書けばよいのかは出題内容次第ですので一概に言えませんが，定義や趣旨，原則と例外，類似制度との比較等が挙げられるでしょう。見解の対立があればそれも検討してください。一方，事例問題は，具体的な事例に対する解決の方法を問う出題方式です（たとえば「Ｘの罪責を論ぜよ。」）。事例に含まれる法的問題点を指摘したうえで，その論点に関わる法解釈を踏まえ，事例についての結論（「Ｘには殺人罪が成立する／

しない。」）を示します。

　どのような出題方式であっても，論点については，学説や判例をただ羅列するのではなく，いずれの見解が妥当なのかという結論を明らかにする必要があります。その際，理由や根拠を示すことは必須です。他説への批判にもできれば言及してください。専門用語その他の言葉が正しく使われていること，条文が適切に引用されていること，論述内容が正確であること，文章全体が適切な段落分けの下で整理されていること等が求められます。ぶっつけ本番で実践することは難しいですから，復習がてら訓練しておきましょう［→ Q&A Q11・ゼミ Q04］。

Q13 定期試験って何が求められてるの？

何を目指す科目なんだろう？

担当教員により異なると思いますが，私は，記憶しているかより理解しているかを見たいという意図で，持込み可で論述問題を出題することが多いです。

論述試験で何を求めるかは科目によって異なる可能性があります。入門的な科目，すなわち「ものさしの獲得」を主に目指す科目では基本的かつ重要な点の理解を確かめる出題をします。他方，「ものさしを使って考える」ことまでを求める発展的科目では，考察したことを書いてもらう問いをします。いずれにせよ論述問題は短時間で書くので大変だとは思いますが，「初めて読む人」が読んでわかるよう論述することが理想です。省略しすぎず，根拠を明確に書くことを心がけてください［「法学学習の方法を考える」→ 72 頁］。

○×式と論述式では意図が違います

　私は前半を○×式（×の場合はどう間違っているのかを記述する）に，後半を事例問題（論述式）にして，異なる意図で出題します。前者は法概念の細かい違いも押さえつつ，覚えているのかどうかを聞いています。後者は，初見の事例の中から要点を見つけ出して答えるべき問いに答えているか，書く順序を考えて書いているかどうかも評価します。論述式試験はいわば「即興レポート」なので，知っていることを吐き出すだけではダメ。問いに答えるために必要なことを，読み手が読みやすい順序で書くことが大事です！　結構訓練が要りますよ。

書き方もトレーニング，かあ……
具体的なやり方・考え方は
特別ゼミ Q09［→ 134 頁］で！

ゼミ・論文

Q14 ゼミ(演習)って何をしているの?入ったほうがいい?

ゼミは「法学の本分」

法学分野には様々なゼミがあります。判例や論文を題材に,それらが何を述べ,当時あるいは現在においていかなる意義を有するかなどを検討し議論するゼミ。特定の事例や社会問題を挙げ,それがいかなる問題で,どのような解決が望めるかを法的な観点から探究するゼミ。また,開講形式をみても2年間の継続所属を前提としたものや,半期開講のものもありますし,また,同時に複数のゼミに参加することが当たり前となっている場合もあります。

個人的には,これらのゼミはすべて「法学の本分」と言ってもいいものを内容としていると考えています。なぜか。第1に,法学は法的知識を獲得するだけのものではなく,社会に存する問題や紛争について法的なものさしを用いて考察するものだと考えるからです。ゼミで

行われることは本質的にはまさにこれです。第2に，ゼミで行われるのは教員も含めた参加者が自らの疑問や考えを述べ，それに対し別の参加者が意見を述べることによる集合的な思索とも言えるものです。これにより個々の参加者は知識や考えを深めることができるはずです。

　仮に法学が単に知識を得るだけのものなら，究極的には1人でもできるかもしれません。しかし，法学とは，法律に関連する知識をインプットするだけにとどまるものではありません。「知識の獲得」の先にあることこそ，ゼミで行われていることではないでしょうか。ゼミに参加しないことはあまりにもったいないと個人的には考えます。

Q14 ゼミ（演習）って何をしているの？入ったほうがいい？

え？ 入らないんですか？

一つの法律分野を学ぼうというとき，講義だけでは時間的な制約がどうしてもあります。ゼミは，講義で得た知識等を前提に，さらにその分野を掘り下げる機会になります。卒論を書くことが当たり前ではない法学部において，「この分野だけはとことん勉強した」と言えるものがあれば，達成感を得られるでしょう。講義では学説や判例を一通り学びますが，ゼミでは学術論文やより多くの判例を読み，これらをより深く分析・検討することができます。他にも，刑法を例にとると，ゼミによっては，サイバー犯罪，少年犯罪等の現代的課題を考察したり，医事刑法，環境刑法といった隣接分野に接したりすることができるかもしれません。

法と社会の関わりを主体的に学ぼう

　ゼミによっては刑務所，裁判所，官公庁などの施設見学や，外部からのゲストを招いた討論などにより，法と社会の関わりを学ぶ学習が行われることもあります。また，法律ディベートや模擬裁判などの大会を通じて，法学の知見を使う訓練をするゼミもあります。横田ゼミでは，他分野研究者（刑法や情報法），実務家（弁護士，都道府県・市町村職員，大学職員，国家公務員）を招いたゲスト回があり，そのときは，学生が質問を記入してそれをもとに全員で討論します。その狙いは，学生が単に受動的に学ぶのではなく，自らの考えを持って専門家とも意見交換ができるようになってもらうためです。

入らないともったいないよ〜

ゼミ・論文

Q14 ……ゼミってどう選んだらいいの？

事前の情報収集が大事

第1に、学ぶ内容。ゼミを選ぶ直接の動機がどのようなものであっても、そこで扱う分野に関心がなければツラいと思います。もちろん、やがてその分野の面白さに気付ける可能性もありますが、そのあたりの見通しは最初につけておきましょう。なお、「こんなテーマを勉強してみたい」という要望があれば、あらかじめ担当教員に相談してみれば、案外採用されるかも？

第2に、進め方。判例研究をするのか、文献を輪読するのか、模擬裁判等の企画を目標にするのか、ゼミのテーマとも相まって、進行方式は様々です。規模の大きい大学では同じ分野で複数のゼミが設置されていることもあります。

第3に,教員や学生の雰囲気。食事会や合宿で接する機会もありますし,卒業後に交流が続くこともあります。相性が合わない者同士でそのような付き合いを続けるのは難しい場合もあります。

　以上のことを中心に,先輩に訊いてみたり,ゼミ見学に行ってみたり,担当教員に直接尋ねてみたりするとよいでしょう。「単位が楽にとれそう」「発表の負担が軽い」等の動機でゼミを選択する学生がいることは知っていますが,講義とは違い,意欲の低い学生がいると周囲に迷惑がかかります。ぜひ前向きな理由で,ゼミを選択してもらいたいと思います。

後悔のないように,じっくり考えよう

Q15 レポートやレジュメはどう書いたらいいの？

内容はもちろん，見栄えも大事

　ゼミ発表をするときにはレジュメやパワポを作成します。聞き手にとっては，高度な内容を耳で聞くだけで理解することは困難ですから，口頭で行う発表を補足するため，その概要や要約，さらには図や写真等を目に見える形で示すことはとても重要です。つまり，レジュメ等は聞き手のためにある，ということです。聞き手のためを考えれば，内容的にも形式的にもわかりやすく見やすいものであることが求められます。ゼミ発表の時はあなたが主役なのですから，いわばあなたの「作品」だと思って，内容も見栄えにもとことんこだわってください。そのためには，文書作成／プレゼンテーション用のソフトを使いこなす必要もあります。

レポートの書き方の基本を身につけて！

このような質問をする学生は，法学の知識としての問題というよりも，そもそも基礎的なレポート作成を学んだことがない人が多いんですよね（要するに初年度教育の問題です）。主張と理由と証拠がそろった文章を，調べた資料を適切に参照しつつ，「読み手」を意識した順番に並べ替えて書いたことがありますか？　不安な人は，是非そこからやってみましょう［「レポートの書き方や思考法をおさらいしよう」→ 66 頁，『カフェパウゼで法学を』→ 85 頁］。

もし法学固有のレポートやレジュメの書き方がわからないなら，『リーガル・リサーチ＆リポート』［→ 70 頁］をオススメします。

聞き手・読み手のことを考えて作るんだね！

 レポートやゼミの参考に
Wikipedia やブログを
使ってもいい？

使わないほうが無難

　レポートやレジュメ作成などで，ついインターネットに頼りたくなる気持ちはわかります。でも出処のきちんとした情報を公開するための公的なウェブサイトと異なり，Wikipedia やブログは作成者や根拠が明確ではありません。したがって誤った情報が放置されていることも多く，「あなたがいいたいこと」の根拠としてそれらを使うことは絶対ダメです。

　ただ，こんなことをいうと他の先生には怒られてしまうかもしれませんが，問題の概略をつかむため，世の中でその問題がどう捉えられているのかをなんとなく把握するためには有用な場合もあります。しかし，いずれにせよ，この「ダメ」と「有用」の境界線を見極められないなら使わないほうが無難です。

リサーチを深めるための取っ掛かりに

活字媒体の資料（書籍，雑誌記事等）とネット情報（Wikipediaやブログ）とを比較すると，匿名であることや修正の容易さゆえに記載内容が十分に精査されていないおそれがあることから，やはり後者の信頼性は劣後する場合が多いと考えます。ただ，「何をどう調べ始めればよいのかわからない」という初期の段階で，問題の所在や関連する論点等を知るための手始めに，ネット上の匿名記事等に当たることはやむを得ないでしょう。それらを取っ掛かりとしてリサーチを深める場合にも，最終的に仕上げるレポートやゼミ発表のレジュメでは，信頼の置けるものを引用してください。

根拠があるかどうかを見極めないとね！

ゼミ・論文

Q17 卒論って何？ 卒論は書いたほうがいいの？

研究論文の卵を書くぞ！

論述式の答案、ではなく、「論文」（の卵）を書くのが卒業論文（卒論）です。私自身は通っていた法学部の制度上なかったので書かなかったんですが、学生を指導している立場からすると、通常のゼミレポートと卒論の違いとして、かける期間の違いがあります。それゆえ、「このテーマについては調べきった」といえること、あるいは「きちんと先行研究を踏まえて、それらの妥当性も疑いながら考え抜いた」といえるかがポイントになりますね。また、長さも2万字ほどになりますから、一つの作品を作り上げる能力も身につきます。横田ゼミでの法（政策）学の卒論指導の様子を知りたい人は、『カフェパウゼで法学を』[→85頁]をお読みください。

制度としてはないことが多いかも

　法学系学部の卒業要件として卒業論文が課されることはあまりないのではないかと思います。私も書きませんでした。法学に触れないまま大学に入学するところからスタートする学部の4年間では，法的なものさしを獲得し，これを用いて世の中に存する問題や紛争について考察するところまでできれば十分ともいえます。

　もっとも，これを学んだということを形にしたいのであればゼミ論文を書くことに取り組むゼミに所属するのも一つの方法かもしれません。私も学部のゼミで論文や判例評釈もどきを書きましたが，ある程度の時間をかけてじっくり取り組み，なかなかうまくいかない大変な思いをしたこと自体がいい経験になった側面があるように思います。

卒論がない大学もあるし，チャレンジするかは自分次第

 法律サークル・自主ゼミ
ってどんなことをしてる？
どうやったら集められるかな？

けっこういろいろです

様々です。上級生による主要科目主要論点の解説（言うまでもなく解説する側のほうが勉強になる），判例を題材にした報告や議論，法律問題の考察などをするのが一般的ではないかと思います。各種試験の勉強会や，中高生に法教育を行うサークルもあるかもしれません。私が学生時代に参加したことがあるサークルは，メンバーが各々関心のある法的な問題につき調べ，議論をしていました。しかし，専門家がいないため空中分解ということもしばしば……。

こういうことに興味があれば，所属ゼミ内でサブゼミを立ち上げるのも一つの方法かもしれません。ある程度共通理解があるところから始められるため，運営はしやすいでしょう。

仲間をうまく集めて,みんなの時間を有効に使おう

　自主ゼミ仲間が見つからなくて困っているあなた。ノートの見せあいっこからはじめてみてはいかがでしょうか。風邪で休んでしまったり,ちょっと眠くなってしまってうまくついていけないことは誰にでもあります。お互いに助けあうところから,互いに「ノセる」,勇気づけることもできますよ。また,よくある失敗というと,とりあえず集まってはみたものの,目的意識が違ったり,やってこない人がいたりして,「勉強した気分」だけになりがちなこと。集まっている時間はあなただけの時間ではなく,同時に友人の時間を使っていることにも配慮しましょう。また,みんなでわいわい話したい時間なのか,それぞれもくもく学習したい時間なのかなど,時間の使い方を事前に話し合っておくのも有用です。

どんな仲間とどんなことがしたいのか,やり方も考えてみよう

ゼミ・論文

Q18+ ……とはいっても，学生同士でやって勉強になるの？

もちろん有意義です

「正確な答えに早く到達する」ことが目的なら，独習したり教員にすぐに質問しに行ったりする方が効率的かもしれません。ただ，学生同士で勉強することには，別の意義があるように思います。

たとえば，それぞれの分担箇所を他の参加者に教えるという場合。他人に教える際は，自分自身がその内容を完全に咀嚼して，かつ，それを言語化しなければなりません。言語化のための工夫をすることで理解が深まります。また，理解したつもりになっているだけでは，なかなか上手く伝えられません。自身の理解の不完全さを自覚できる場合もあります。

また，試験などに向けて，それぞれが書いてきた答案を見せ合うという場合。書いた本人が気付くことができ

なかった誤りを指摘してもらえます。一方，他の人が書いた答案を添削し，読み手の側に立つことで，どのような点に注意して答案を書けばよいのかを知ることができます。

　自主ゼミのやり方は様々なので，以上が必ず当てはまるとは限りませんが，学生同士で勉強することに独自の意義があることを理解して参加すれば，そこから何か得られるものがあるでしょう。ゼミの同期や，同じ科目を受講している知り合いで構いません。法律サークルや自主ゼミを"敷居が高い"ものと身構えずに，まずは少人数で一つのテーブルに座り，共に学んでいる内容について雑談してみてはどうでしょうか。

いろいろ試行錯誤してみよう

ゼミは毎回出るべき？
就活を優先して休んでもいい？

あなたが休むと影響がある

　ゼミは，毎回出席することがまず前提です。ゼミの場で自分の意見を述べたり他人の意見を聞いたりして対話することが，この授業方式の醍醐味だからです。あなたが欠席することで，他の学生も，あなたと対話する機会を奪われます。また，ゲスト・スピーカーを招いている回や他のゼミとの合同で開催する回で，欠席者が目立ったら，それは先方の目にどう映るでしょうか？　考えてください。無論，病気や就活等，やむをえない事情で欠席を余儀なくされる場合はあるでしょう。ただ，そのような理由で欠席する場合であっても，できるだけ事前に担当教員や他のゼミ生に相談・連絡するなどして，意思の疎通を図ることを欠かすべきではありません。

欠席したとき自習で補えるでしょうか？

ゼミは他の人の見解を聞いたり議論したりを通じて自分の考えを深める場です。ではゼミを欠席したとして，自習で何を補うことができるでしょうか？　前の回で出た議論を前提として次の回で議論するときに，欠席していた人はついていけるでしょうか？　学生さんの側にもいろいろな都合があるのは承知していますが，何のためにゼミに参加しているのかということをよく考えたうえで，自ら考え，選択して決めるべし。

みんながいるからこそのゼミ！
よく考えて

Part2

法学学習の「推し本」

教科書を読むだけでは見つけられない,
法学の学び方や楽しみ方がわかる本を集めました。
学ぶ人の目的や悩みに寄り添って,
先生が内容や読み方を示しつつ,様々な本を紹介します。
自分を「伸ばす」ための本と出会いませんか?

いろいろな法学科目を眺めてみよう

→Q&A Q01・Q03・Q14

法学部ってどんなことを学ぶのだろうか？ 様々な科目を概観したり，どんな課題があるのかを掘り下げる本を紹介しよう。（横田）

『法学部生のための選択科目ガイドブック』
君塚正臣 編著　　　　　　　　ミネルヴァ書房，2011年

司法試験の選択科目や関連社会科学についても概観できる

　基本7法科目も大事だけれども，むしろ選択科目やゼミのほうが，各人の人生（就職，司法試験の合否など）を決める大事な要素なのではないか——そんな考えを反映した，法学選択科目群のガイド本。具体的イメージを喚起する判例紹介や，文献紹介も充実。法学学習の全体像がつかめるので，ある学部4年生が「もっと早く読んでおけば……」と教えてくれた1冊。

『法学の世界〔新版〕』
南野森 編著　　　　　　　　　日本評論社，2019年

初心者だけでなく上級者にもオススメ

　実定法だけでなく基礎法・比較法も含めた20以上の法分野について，それぞれの第一線で活躍する若手・中堅研究者による解説を集めた本。単なる科目紹介というよりも，その科目の考え方のエッセンスを提示し，読者に問いかける「上級者も楽しめる法学入門」として構成されている。また，外国法についての記述も多く，在外研究についてのコラムもあり，留学や法学研究を進路として考える人にもお勧め。

『新・大学生が出会う法律問題』
信州大学経法学部 編　　　　　　　創成社，2016 年

学生にとって身近な法律問題から法学を学ぼう

　美容室でのカット，スポーツ事故，自転車運転，就職と年金，確定申告と源泉徴収，パクリと「目こぼし」文化——本書は，大学生にとっても身近な法律問題を素材に，基本 7 法＋社会保障法，税法，知的財産法，環境法が概観できる。社会人になってからも役に立つこと請け合いなので，「法学って何の役に立つの？」という人にもお勧め。

⬇こんな本もあります

『キヨミズ准教授の法学入門』木村草太　　　　　　星海社新書，2012 年

　　　高校生と大学准教授の交流を描く小説形式で進む法学入門。法的三段論法からローマ法まで図解を交えて説明している。高校生視点での質問に丁寧に応じる先生達と，法学の全体像と歴史と可能性を概観しよう。

『ブリッジブック法学入門〔第 2 版〕』南野森 編　　　信山社，2013 年

　　　法学の基礎から最新トピック（社会保障や著作権保護）までバランスよく編まれた法学入門。立法や裁判の手続フロー図も豊富にあり，初学者の大づかみな理解も助ける。さらには研究の一端も見せてくれる。

新書で法学を学んでみよう

→Q&A Q02

持ち運びしやすい新書には,法律問題と社会のつながりを示した意欲作や,初学者やビジネスパーソン向けの入門書として書かれたものも。気軽に手に取ってみよう!

『その「つぶやき」は犯罪です』
鳥飼重和 監修
新潮新書,2014 年

気軽な書き込みで「被害者」にも「加害者」にもなりうる世界

ウケを狙って無茶した動画を投稿したり,正義感に突き動かされて有名人を非難したり……Twitter などの SNS での書き込みが元で「加害者」にも「被害者」にもなりうることを,真剣に考えてみたことありますか? 本書は,ステマやネット選挙など,最近のネット事件簿にも言及しながら解説。名誉毀損,個人情報保護,著作権や肖像権などの基本を学びつつ,「被害者」になったときの対応策まで言及しています。(横田)

『プレップ法学を学ぶ前に〔第 2 版〕』
道垣内弘人
弘文堂,2017 年

法学「入門の入門」で,最初のつまずきを乗り越えよう

弘文堂プレップシリーズは,コンパクトな新書サイズで各科目の「入門の入門」書として平易な言葉で執筆されている。本書はその最初の 1 冊であり,本格的な法学学習に入る前に知っておくとよい事柄(法学における議論の特徴,法解釈,法の体系と形式,裁判手続や法の担い手など)がコンパクトにまとめられている。多くの基礎ゼミでも教科書採用されているまさに「最初の 1 冊」。(横田)

『鉄道と刑法のはなし』
和田俊憲
NHK出版新書，2013年

「法哲学」ではなくて「法鉄学」？

　刑法研究者であり鉄道ファンでもある著者が，鉄道の醍醐味と法的思考との間に共通点を見出し，鉄道に関連する事件や犯罪を取り上げる。紹介される事件や話題の多彩ぶりに脱帽する。巻末に「駅名索引」がつけられていることや，たまに触れられる著者の思い出話や"鉄道論"に，著者の鉄道に対する深い思い入れが表れている。法学あるいは刑法学への興味もろともに，鉄道への興味が刺激されてしまう1冊。（堀田）

●こんな本もあります

『ビジネスパーソンのための契約の教科書』福井健策　　文春新書，2011年

　実際に契約書を作るときにはどんなことを考える？　そもそも，「契約書」を作るってどういうこと？　意外と知られていない現場の知恵を知ることによって，民法・民訴法がもっと面白くなるはず。（横田）

『個人情報保護法の知識〔第4版〕』岡村久道　　日経文庫，2017年

　日経文庫は法学だけでなく，経済・経営や心理・マネジメントなど，ビジネスパーソン向けの入門シリーズ。未知の分野に飛び込むときの手助けとして覚えておこう。本書は個人情報保護法の大改正後の変化も踏まえて，同法をコンパクトにまとめている好著。（横田）

『「大岡裁き」の法意識』青木人志　　光文社新書，2005年

　日本人は西洋法を受け継ぐとき，何を捨てどう取り入れたのか？　日本人の法意識や文化との衝突はどのようなものだったのか？　お白州の「大岡裁き」から法学版文明開化を見てみよう。（横田）

レポートの書き方や
思考法を身につけよう

○Q&A Q15・Q17

　レポートの基礎は「即興レポート」である論述式答案でも効いてくる。レポートの書き方など，知的生産に関連する本を集めてみました。
（横田）

『論文の教室〔新版〕』
戸田山和久　　　　　　　　　　NHKブックス，2012年

主張・理由・証拠の揃った文章を

　論文ヘタ夫くんのレポートは本当にひどい。最初はね。それが，だんだんと論文とは何か，レポートを書くにはどんなことを考えたらよいのかを学んでよくなっていく過程が描かれている。とりわけ重要なのは，論文は「主張・理由・証拠」が揃った文章であること，そして，型があるということ。さらに，「アウトラインを育てていく」ということだ。これらをきちんと身につけておこう。

『武器としての決断思考』
瀧本哲史　　　　　　　　　　　星海社新書，2011年

ディベート思考を学ぶと，突っ込みどころもわかるように

　本書は全面に押し出していないけれど，ディベートの考えを自分の決断にも取り入れてみよう，という本。論題に対して（自分の意見を離れて）賛成／反対のどちらかの陣営から論じて審判を説得するディベートの技法を，決断のための思考法として紹介する。この本で，根拠と理由を主張とどう結びつけるか，議論の突っ込みどころを探すにはどうしたらよいかがわかるようになる。

『法を学ぶ人のための文章作法』
井田良ほか　　　　　　　　　有斐閣，2016年

文章を書いて，考えて，さらに書いていくためのお供に

　論述式答案の書き方がわからないなら，本書を手にとって，PART3 をとにかくやってみよう。答案のどこに「赤ペン」が入れられるのか，自分がどこまでできないのかがわかったら，それを解決するために，PART2 に戻って技能を理解し，そして PART1 から読み直してみよう（本書4頁参照）。……本書は，論述式答案の書き方を根本的に考えていくためのテキストであり，語り口はやや手厳しいけれども，しっかり伴走していくととても力がつくはず。

●こんな本もあります

『20歳の自分に受けさせたい文章講義』古賀史健　　星海社新書，2012年

　「話せるのに，チャットはできるのに，文章が書けない」……そんなあなたにぴったりの1冊。話し言葉と書き言葉の違い，読み手目線を作ること，編集の大切さが平易なことばで説明されている。

『大学生のための「読む・書く・プレゼン・ディベート」の方法〔改訂第2版〕』松本茂＝河野哲也　　　玉川大学出版部，2015年

　情報の収集，整理，そして主張・議論の仕方等，大学生が学ぶべき知の技法が詰まった本。考え方を身につけるための教科書でもあるし，実践するためのワークブックでもある。特にディベートパートのフローシートの書き方は必見。

『アウトライナー実践入門』Tak.　　　　　　　技術評論社，2016年

　1万字以上の長文を書く課題や人生の課題について考えたいのなら，発想を組み換えながら文章を書くアウトラインの考え方，使い方を学んでみよう。特別なソフトは不要で，Wordでもできる。本書6章には評者（横田）の実践例も登場。

「知」の「巨人の肩」に乗り，心を整える方法

→Q&A Q00・Q08

勉強・サークル・バイト……大学生活はいろいろあって忙しい。学んだことを他の分野に応用したり，よい習慣を身につけたり，気持ちを整えるための本を紹介しましょう。(横田)

『アイデア大全』
読書猿　　　　　　　　　　　　　　フォレスト出版，2017年

古今東西，硬軟織り交ぜた「知」の「巨人」たちの智慧，集めました

　本書は人文書でもあり実用書——哲学・思想から心理，歴史，果てはビジネス書やSFまで，ありとあらゆるジャンルの「アイデアの生み出し方・育て方」を集めたカタログである。「とりあえず」やってみるための「レシピ」と「サンプル」，コツと有用さを解説した「レビュー」が，ユーモラスなイラストで解説されている。すべての項目にはネタ元の参考文献がついているし，気になる人は原典にあたってみよう。続編の『問題解決大全』(2017年)は，解決の糸口探しから実行計画立案，遂行をサポートしている。

『ライフハック大全』
堀正岳　　　　　　　　　　　　　　KADOKAWA，2017年

「小さな習慣」を積み重ねて，人生を変えていく

　人生を変えるには，何も大きな決心は必要ない。必要なのは，日常に小さな近道をつくり，それを習慣にしていくこと——本書も，時間管理，タスク管理や，「やる気」の扱い方，情報収集や学び，発想のコツ，「習慣化」のメソッドなど，多数の書籍と著者の実践に裏打ちされた「小さな習慣」が集められた本。全部やる必要は無い，でも，一つでもやってみたら「ちょっといいかも」と思えるはず。続編の『知的生活の設計』(2018年)は，情報への向きあい方を中長期的に設計するための本。

『うつヌケ』
田中圭一　　　　　　　　　　　　　KADOKAWA，2017年

「うつトンネル」から抜け出したあとも，つきあい続けるために

パロディマンガ家として知られる著者はかつて，サラリーマンとマンガ家の二足のわらじを履きながら成果を上げていた。しかし，ある日，原因不明の辛さに蝕まれ，何の感動も湧かなくなっていることに気づく……そんな，著者自身の体験談から始まり，いろいろな人々のうつ体験をインタビューしてマンガにまとめた本書は，ぜひ，多くの人に読んでほしい。他人との接し方，小さな達成感の大切さ，自分の中の辛い気持ちとの向き合い方がわかってくるかも。

●こんな本もあります

『必要な情報を手に入れるプロのコツ』喜多あおい　祥伝社黄金文庫，2018年

> テレビのクイズ番組や時代劇を支えるリサーチのプロが，その技術を余すこと無く伝えた本，待望の文庫化！　書籍，新聞，雑誌，ネット，対人インタビュー……ありとあらゆる情報ソースから，本気でリサーチするとはどういうことかが分かる。

『大学1年生の歩き方』トミヤマユキコ＝清田隆之　　　　　左右社，2017年

> 勉強，サークル，バイト，恋愛……大学1年生に巻き起こる「あるある」トラブルへの考え方を示した本。「学生生活に失敗したくないけど，キラキラ大学生になりたいワケでもない大学1年生」に向けて書かれた本書を転ばぬ先の杖として，一読しておこう。

『心を整える。』長谷部誠　　　　　　　　　　　　　幻冬舎文庫，2014年

> サッカー元日本代表キャプテンの著者は，心を整えるための小さな習慣を，きちんと積み重ねている。自分のパフォーマンスを発揮するための習慣作りのヒントや考え方がちりばめられている。読みやすく，また実践しやすい内容も多い。

法学部生なら知っておきたい！
必携参考書

⊃Q&A Q02・Q15

科目の谷間に落ちてしまってなかなか習う機会がないけれども，絶対持ってて損はない本を紹介しよう！（横田）

『リーガル・リサーチ＆リポート』
田髙寛貴ほか　　　　　　　　　　　　　有斐閣，2015年

ゼミ・演習科目の必携参考書

　「法学部のゼミって何するところ？」「法学の調べ物，やり方がわかりません」という人，待望の1冊。判例研究・テーマ研究・事例演習という定番の内容について具体例（レジュメの参考例まであり）を示しつつ解説する前半と，調べ物の前提となる知識と実践方法とを合わせて解説する後半に分かれる。とにかく「使ってみる」ことで真価がわかるので，この本片手にゼミを受けてみよう！　どうしてこの本が私の学生時代になかったんだろう……。

『判例の読み方』
青木人志　　　　　　　　　　　　　　　有斐閣，2017年

判例学習についてじっくりゼミを受ける気分

　有斐閣の社章から飛び出したシッシーとワッシーが，アオキ先生から判例学習のゼミを受けるという対話形式で進む本。……とても薄い。そして軽い（物理的にも雰囲気も）。しかし，その中身たるや，「確かにこの内容はどの講義でも教えてもらってないかも……！」という判例学習の基本のキが学べる内容。実際1年生向けのゼミをやるならこんな感じだと思うので，「ゼミってどんな感じだろう」と思う人にもお勧め。

『現代の裁判〔第7版〕』
市川正人ほか
有斐閣，2017年

裁判の仕組みは，どんな法分野を学ぶにも必須

判決を読むにしても，これから解釈適用を考えるにしても，裁判の仕組みを知っておいて損はない。本書を読めば，民事訴訟・刑事訴訟の特徴や仕組み，司法権が違憲審査権を持つとはどういうことなのか，法律家はどんな役割を担っているのか，裁判所とはどんな組織なのかが一通りわかるようになっている。進路選択のためにも一読しておこう！

●こんな本もあります

『法律学小辞典〔第5版〕』高橋和之ほか 編集代表　　有斐閣，2016年

法学学習では，外国語学習と同じくらい用語の正確な理解が必要であり，辞典は大事。不確かな情報も混じるネット検索よりも，手元の小辞典を引いてみよう。また，ある程度法学学習が進んでから開くと，科目間の違いも見えてくる。

『条文の読み方』法制執務用語研究会　　有斐閣，2012年

法律の読み方・作り方の基本である法制執務をQ&A方式で解説。これもとても薄いので，六法のお供に最適。法律の作り方が日常の日本語とは異なることもわかり，ある意味「法律の文法書」。

『法学のお作法』吉田利宏　　法律文化社，2015年

法学の学び方，法令の常識，社会のお作法など，「どうしてこうなってるの？」とつまずきがちなところを先回りして教えてくれる内容。衆議院法制局で法律案の修正に関与してきた著者だけに，類書に比して，法律の立案過程についても詳しい。

法学学習の方法を考える

→Q&A Q04・Q07・Q08・Q09・Q13, 特別ゼミ

ゼミで報告しなければならないときや，試験の答案作成など「どうやったらいいんだろう？」という疑問を持つこと，ありませんか？ そんなとき，ここに挙げた指南書がヒントになるかもしれません。試行錯誤して，自分の「方法」をみつけよう！（小谷）

『法律学習マニュアル〔第4版〕』
弥永真生
有斐閣，2016年

困ったときこの1冊があれば

法学学習の案内書，指南書として伝統的かつ基本的な1冊。講義，ゼミ，レポート・答案作成などの具体的方法論を示すとともに，法学の学びとはいったい何なのか？ という疑問に答える。巻末に掲載されている引用文献の出典表示方法や，雑誌の略称一覧なども有用。全体を通読してもよいが，困ったときに頼れるよう本棚に常備しておくことをお勧めしたい。

『大学生のための法学トレーニング』
大林啓吾ほか 編著
三省堂，2014年

習うより慣れろ，実践的に方法を知る

課題を提示し，課題への取組み方を解説しながら法の基本的考え方や学習の仕方を示すスタイルの入門書。身の回りの法律問題を通じて法の基本的な考え方を学べ，そのうえで，授業で法律を学ぶために必要な事柄や答案の書き方，ゼミでの報告の仕方についての解説もなされている。実際にやってみるためのワークシートも収録されており，手取り足取り教えてくれる印象。

『リーガル・リサーチ〔第5版〕』
指宿信 = 齊藤正彰 監修／いしかわまりこほか

日本評論社, 2016 年

調べたいときの足がかりに

　全般的なレポートやレジュメの作成方法から一歩進んで，たとえば「法令の立法趣旨が知りたい」「この判例はどうすれば読めるんだろう」といった疑問にはこの 1 冊。法令・判例・法律関係資料や文献の検索方法や，法律関係データベースなどの情報が網羅的に収録されており，調べるとっかかりとして有用。デジタル・データ情報にも対応している。

◎こんな本もあります

『最強の法律学習ノート術』木山泰嗣　　　　　　　　　弘文堂, 2012 年

　　　法学科目を例に，授業中のノートのとり方やノートを元にした勉強法などが紹介されている。学部生にとくにお勧めなのは前半の「ノートの取り方」。これに従わなければならないわけではなく，自分なりのやり方を見つけるためのヒントにしてほしい。

『論文の書き方マニュアル〔新版〕』花井等 = 若松篤　　有斐閣, 2014 年

　　　人文社会科学を対象に情報の整理から，テーマの決定，章立てに至るまで具体的かつ実践的な論文執筆の方法が解説された 1 冊。最低限抑えるべきお約束も確認でき，レポートや卒論を書く前に目を通しておくとよい。

演習書のすすめ

→ Q&A Q11・Q13, 特別ゼミ Q09+

　実際にどのように書いたらいいかわからない……そんな人は，数をこなしてみよう。一行問題や事例問題について，どう考えていけばいいだろうか……そんな悩みに答えるのが演習書。単に読むだけじゃなく，実際に自分でも答案を書きながら使ってみよう。

『基礎演習 行政法〔第2版〕』
土田伸也
日本評論社，2016年

行政法初学者でも使える実践的演習書

　行政法学習の鍵は事例問題にあり。しかし，「法的手段の選択」について学ぶ行政救済法を習う前だと演習書が使えない……そんな悩みに対応した本書は，本案上の主張（行政法総論に対応）の部分についても問題が充実しており，初学者から使える演習書となっている。ここで力をつけてから，「法学教室」「法学セミナー」の演習欄，そして『事例研究行政法〔第3版〕』（2016年）にチャレンジするのがオススメルート。（横田）

『民法演習サブノート210問』
沖野眞已ほか 編著
弘文堂，2018年

民法全域の復習に

　基本的かつシンプルな事例問題が提示され，その裏の1ページで解説がなされるというスタイルの演習書。財産法と家族法がカバーされているので，民法の全域にわたって基本的な事項が理解できているか，アウトプットしながら確認するのに適しているでしょう。また，演習書に取り組むのは敷居が高い……という初学者にもお勧めです。（小谷）

『演習刑法〔第2版〕』
木村光江
東京大学出版会，2016年

解答案を参照しながら事例問題の解き方を学ぼう

比較的長い事例問題を題材に，論点の説明だけでなく，学説や判例の立場を当該事例の処理に応用するための思考過程が丁寧に解説されている。司法試験を念頭に置いた演習書なので初学者には難解な部分もあるが，解答案は大いに参考になるはず。「はしがき」で著者が推奨しているように，まずはそれらを「真似る」ことから始めてみるとよいだろう。（堀田）

●こんな本もあります

『憲法ガール Remake Edition』大島義則　　　　　　法律文化社，2018年

司法試験問題をライトノベル形式で解説する人気の演習書。Reではショートバージョンの回答例もついたので読み比べてみよう！　なお，続編の『憲法ガールⅡ』（2018年）は，平成30年度の「リーガルオピニオン型（法律意見書型）」の出題についても考察している。（横田）

『事例で学ぶ民法演習』松久三四彦ほか　　　　　　成文堂，2014年

民法（財産法）分野の基本的な演習書。問題数も多く，これ1冊で財産法分野はカバーされる網羅性の高さ，そして詳細かつ明快な解説に定評がある。問題によって難度にややばらつきがあるので少し注意。（小谷）

『事例演習刑事訴訟法〔第2版〕』古江頼隆　　　　　　有斐閣，2015年

刑訴法の重要論点を網羅する事例問題33問について，教員と学生の対話形式で問題解説が進行する。内容は高度だが，法律答案の書き方を説明している冒頭の「設問を解く前に」は，初学者にも必読。（堀田）

「一歩先」の学修のために

→Q&A Q11

体系書や判例集などで一通りのことは学べますが，関心があれば，その幅を広げてみましょう。外国法をのぞいてみたり，法的問題の背景にある社会問題に接したり，実務家その他の人の考え方に触れてみたり。それがさらなる学修への第一歩となります。（堀田）

『憲法で読むアメリカ史（全）』
阿川尚之
ちくま学芸文庫，2013年

外国法を学ぶとっかかりとして

アメリカ合衆国の歴史を憲法の発展とともに追っている。チェロキー族の涙の道，奴隷問題，南北戦争，ニューディール，第二次世界大戦など，有名な歴史上の出来事も多く出てくるので，歴史書として楽しみながら，合衆国憲法の全体像や著名判例を学ぶことができる。連邦と州の関係などは同国特有の事情として興味深い反面，最高裁が果たしてきた役割や憲法を通じた人権保障のあり方などは，日本法と対比すると面白い。

『コンビニの光と影〔新装版〕』
本間重紀 編
花伝社，2009年

フランチャイズ契約の悲哀

私たちが日々利用するコンビニエンスストアを成り立たせているフランチャイズ契約の実情を浮き彫りにする。非対等な契約関係に苦労するコンビニオーナーたちの経験談から始まり，コンビニ加盟店と本部との間の訴訟を紹介する。最後に，コンビニ契約を主に構成する各条項の問題を分析し，フランチャイジー保護のため，これらに対する規制のあり方を探る。

『新・実践刑事弁護〔第2版〕』
東京弁護士会刑事弁護委員会 編 現代人文社, 2018年

弁護人の視点で見る刑事手続

　主人公の新人弁護士が, 当番弁護士として刑事事件を受任してから, 捜査・公判の各段階で弁護活動を行う様子を描いていく。弁護人の視点で, 現行の刑事手続の運用に関する問題点が随所で指摘されている。刑事弁護の入門書として現役の弁護士が参照する用途で刊行されたもので, 刑事事件を扱う弁護士の日常業務に対するイメージを持てるようになるので, 法曹志望者にも特にお勧めしたい。

◎こんな本もあります

『O.J. シンプソンはなぜ無罪になったか』四宮啓　　現代人文社, 1997年

　アメフトの元スター選手が前妻殺しを疑われ起訴されたものの, 陪審裁判で無罪の評決が出たO.J.シンプソン事件。賛否の分かれる有名な刑事裁判を素材に, 裁判員制度の設計にも携わった著者がアメリカの陪審制を論じる。

『四大公害病』政野淳子　　　　　　　　　　　　中公新書, 2013年

　公害病の発生から企業との民事訴訟,「認定」をめぐる行政訴訟まで, 企業, 国, 被害者の齟齬をつぶさに追いかけたルポ。当時の報道を掘り起こし, 今なお解決していない課題についても丁寧に示している。（横田）

『裁判官！　当職そこが知りたかったのです。』岡口基一＝中村真
　　　　　　　　　　　　　　　　　　　　　　　学陽書房, 2017年

　民事訴訟実務をめぐり, 裁判官に聞いてみたいことを弁護士がぐいぐい聞いていく対談本。これぞ,「学生にはみえない実務の現実」を表している（特に, 和解〔第4章〕はびっくり）。中村弁護士が描くユーモラスな漫画も必見。（横田）

他分野との交錯

各法律分野はそれぞれが対象とする領域を持っていますが，それが他の分野の領域と重なり合うことがあります。また，他分野の考え方や発想に接することで，互いに理論的な発展が期待できます。そんな切磋琢磨の様子をうかがうことができる本を紹介します。（堀田）

『裁判員制度と報道』
土屋美明
花伝社，2009 年

公正な裁判と報道の自由の調整を目指す

　裁判員制度は，刑事裁判に関連する制度であると同時に，国民主権を体現する制度でもある。報道および取材活動は，憲法上保障された権利である反面，被疑者・被告人および被害者の権利を脅かす場合がある。その意味で憲法と刑事訴訟法が交錯する領域である事件報道・犯罪報道の問題を中心に，通信社の記者が包括的な検討を加えている。

『憲法学のゆくえ』
宍戸常寿ほか 編著
日本評論社，2016 年

憲法学との高速キャッチボール

　憲法研究者である 3 名の編者が，刑事法，国際法，社会保障法その他の隣接分野の研究者と対話する。双方の問題意識が明らかにされる，編者の「イントロダクション」とゲストの「基調報告」の後に，「座談会」が収録されている。他分野との対話がここまで彩り豊かに繰り広げられるのは，あらゆる事柄と関連を持つ憲法ならでは。高度な議論に触れるきっかけ作りとして，学生に読んでほしい。

『刑法と民法の対話』
佐伯仁志＝道垣内弘人
有斐閣，2001 年

刑法と民法はたくさんの領域で交錯する

たとえば，人の始期。刑法では一部露出説，民法では全部露出説が通説とされるが，この違いはどこからくるのか？ たとえば，不法原因給付。贈賄目的で預かった現金を着服しても返還請求できないが（民 708 条），横領罪は成立するのか？ 刑法学者と民法学者が軽快に対話を展開していく。両分野を一通り勉強してから読んでも味わい深いが，とにもかくにも読み始めてみるということでもきっと楽しめるはず。

●こんな本もあります

『人事と法の対話』守島基博＝大内伸哉　　　　　　　　　　　有斐閣，2013 年

　　　　人材マネジメント（HRM）と労働法双方（実務家や他分野研究者のゲストもあり）の立場から，変転する雇用環境を捉えた対談本。採用や賃金，退職だけでなく，正規・非正規，メンタルヘルスと産業医，人材育成や労働紛争など，労働法を学ぶだけでは見えてこないマネジメントの実際に踏み込んだ議論が展開されている。（横田）

『法哲学と法哲学の対話』安藤馨＝大屋雄裕　　　　　　　　　有斐閣，2017 年

　　　　メインは 2 人の法哲学者の対話だが，テーマに応じて，憲法学その他の分野の研究者からのコメントとそれへのリプライが収録されている。この応答（……というより，もはや応酬）を読み解く過程で，思考力が養われるはず。（横田）

異なる法学科目をつなぐ

各科目で法学の考え方を学んだみなさん。そのままではもったいない！ その背景にある奥深い考え方を比べたり，これまでとは違う角度でつないでみたり……異なる法学科目をつなぐための本を紹介します。（横田）

『子ども法』
大村敦志ほか
有斐閣，2015年

「子ども」を法学全体で捉えるために

「未成年者」・「子」（民法），「少年」（少年法），「児童」（児童福祉法）……様々な法律で年少者は扱われているけれども，それらを横断して検討したことはあるだろうか？ 本書は，民法・行政法の中でも年少者に関する分野を専門の研究領域とする著者らの共著で，子どもをめぐる様々な法律問題を横断的に概観する。民法の家族法，児童虐待，いじめや非行，障害や外国籍など，学校から社会を横断して見た記述になっている。

『現代実定法入門』
原田大樹
弘文堂，2017年

各分野に共通する法の考え方をつかもう

本書はこれまでの法学入門とはまったく異なる特徴を持っている。それは，一通り法学を勉強した人にとっても新たな発見があるように，あえて法学科目を横断するように記述がなされていることである。それは目次の後に収録されている「内容対照表」を見れば一目瞭然。縦軸に法学科目が，横軸に本書の構成が示されていて，今どの分野に関連する内容が語られているのかがわかるようになっている。ぜひ，これまでの知見をつなぐ感覚を本書で養ってほしい。

『法解釈入門〔補訂版〕』
山下純司ほか　　　　有斐閣，2018年

同じ判例を憲法・民法・刑法の視点で読んでみよう

第 1 部は法解釈の概念を，第 2 部では憲法・民法・刑法それぞれの法解釈の例を学んだ後，第 3 部では一つの判例を二つの分野から読んでみる，という意欲的スタイルの入門書。正直言って第 3 部は 1 人では読了が難しいかもしれないけれども，ぜひ自主ゼミの素材として用いてほしい。現実世界の紛争では，一つの法分野にはおさまらない。複数の角度から一つの事案を検討する視点も身につく好著。

◎こんな本もあります

『環境法〔第 2 版〕』北村喜宣　　　　有斐閣，2019 年

> 環境法はまさに民事・刑事・行政のすべての分野から取り組むべき課題がたくさん。本書は高校を卒業したばかりの大学 1，2 年生（法学未修者）を想定して，問題解決志向の法学のあり方を示している。

『問いかける法哲学』瀧川裕英 編　　　　法律文化社，2016 年

> これまでの法学の知見をフル活用して，「いきなり実践」の法哲学の問いに答えてみる思考実験もオススメ！　「ドーピングは規制すべきか？」「児童手当は独身者差別か？」など，論争的なテーマから出発して，議論を愉しんでみよう。

『国際法で世界がわかる』森川幸一ほか 編　　　　岩波書店，2016 年

> 国際社会のスタンダードな視点を身につけるための国際法入門書。政治的にも憲法・環境法の観点からも重要なニュース（「ヘイトスピーチ」，「パリ協定」，「集団的自衛権」，「排他的経済水域」など）を国際法の視点で読み解く。

法と社会科学をつなぐ

法学も，経済学，社会学，政治学，心理学と同じ「社会科学」の一つなのに，切り離して考えていませんか？ よりよい社会を目指すにはどうすればいいかを横断的に考えよう。(横田)

『法と社会科学をつなぐ』
飯田高
有斐閣，2016年

社会ではどんな課題が生じるかを，「法も使って」考える

経済学，社会学，心理学などの他の社会科学分野で用いられている概念と，法解釈学の接点を探る本書は，法解釈学の背景にある「人間社会の特徴」をあぶり出している。たとえば，囚人のジレンマ，トレードオフ，コースの定理，認知バイアス——これらは，法が現実に機能するためには欠くことができない視点。

『エコノリーガル・スタディーズのすすめ』
柳川隆ほか 編
有斐閣，2014年

法学と経済学の複眼思考で考える

神戸大学法学部・経済学部が共同で行った法経連携教育プログラムの成果物である本書は，一つの課題に法学者と経済学者がそれぞれの考え方を示すユニークな構成。共通点と相違点が見えてとてもエキサイティング。知的財産，会社，取引秩序，労働，社会保障，契約，損害賠償，環境について複眼思考で考えてみよう。巻末には経済学の基礎知識や法令の調べ方についての解説もあり，どちらの読者にも助けになる。

『AIがつなげる社会』
福田雅樹ほか 編著　　　　　　　　弘文堂，2017年

AIが普及した世界での法と政策，倫理を考える

　生活のあらゆる場面にAIやロボットが入り込み，それらがネットワークを介してつながり，連携する社会がやってきたら……？　そんな近未来について，法の役割や政策の課題を考える本書。夢物語ではなく，現在の技術や既に生じている課題と地続きの具体的なユースケースを想定したシナリオを示しつつ，法・政策・倫理の様々な角度から議論している。

●こんな本もあります

『発展するアジアの政治・経済・法』松尾弘　　　　日本評論社，2016年

　　　多様な発展パターンにおける法の役割を，動態的な各国制度分析とともに考察する。サブタイトルの「法は政治・経済のために何ができるか」という視点は，法を社会改革の「道具」として考えるためにも重要。

『法学・経済学・自然科学から考える環境問題』青木淳一ほか

　　　　　　　　　　　　　　　　　　　　　慶應義塾大学出版会，2017年

　　　循環型社会，生物多様性，地球温暖化という三つの環境問題について，法学・経済学・自然科学の専門家の視点から多角的に考察する。専門家同士のディスカッションからも，考え方の違いが透けて見えてくる。

『AI時代の働き方と法』大内伸哉　　　　　　　　　弘文堂，2017年

　　　これまでの労働法の考え方を踏まえつつ，2035年の労働法を見通すダイナミックな書。労働法の考え方を知るだけでなく，AIやロボットが普及しつつある現在と未来をつなぐ思考法としても参考になる。

研究者になるには？
学術論文を書いてみよう

◐Q&A Q00・Q12・Q17

研究もやってみたい，しかしやり方がわからない……そんな方のために，法学の学術論文作成方法についての本や，〈学び方〉や「研究とは何か」について考えるための本を紹介します。（横田）

『学術論文の作法〔第2版〕』
近江幸治
成文堂，2016年

新時代の法学研究者の卵のために

　かつて，法学の世界では"博士学位を出さない"運用がなされ，研究手法の教授も，指導教員まかせ——そんな状況からの転換を図るべく作られた修士・博士課程一貫システムのために書かれた，「学位論文」の"作成方法"についての本。初版（2011年）が出版されたときに博士課程院生だった者にとっては，近江教授がどのように研究テーマを絞っていったのかなど，大変に参考になった。答案の書き方についても触れられているので，少しでも研究の道が気になる方は手にとってほしい。

『中国人留学生のための法学・政治学論文の書き方〔日中両国語版〕〔第2刷版〕』
九州大学大学院法学研究院
中国書店，2016年

日本法・中国法を研究するすべての人のために

　本書は中国人留学生が多く在籍する九州大学大学院法学府の講座を元に執筆されたテキスト。それだけに，文化的背景も違う留学生にも研究の方法や身につけるべき習慣を理解してもらえるよう，懇切丁寧に実践的に書かれている。また，日本法・中国法の調べ方についても記述が多く，比較法研究のためにも非常に有益な本。

『カフェパウゼで法学を』
横田明美
弘文堂，2018 年

〈学び方〉を見つけるために，読者と伴走する本

サブタイトルの「対話で見つける〈学び方〉」には，二重の意味を込めた。本書自体が「対話編」と解説の二重構造で進んでいく（後掲『創造的論文の書き方』参照）ということ，そして，本書との対話を通じて皆さん自身の〈学び方〉を見つけてほしい，ということである。研究とは何か，研究者と実務家はどんな役割分担をしているか，そして，著者自身が研究者になるまでにどんなことを試行錯誤したか……をつつみかくさずに詰め込んだ。本書を伴走者として，あなた自身の道を見つけてほしい。

●こんな本もあります

『民法研究ハンドブック』大村敦志ほか　　　　　　　　有斐閣，2000 年

> 学説，判例，外国法をどう扱って執筆していくのか，その型と心構えを詳説した本。判例評釈の執筆方法は，研究者でなくても必見。すでに絶版になっている本書だが，法学研究のやり方をいかに後進に伝えるかということを真剣に考えた先駆として，ここに紹介する。

『創造的論文の書き方』伊丹敬之　　　　　　　　　　　有斐閣，2001 年

> 著者の専門は法学ではなく経営学だが，社会科学における研究の心構えを知りたい人にはぜひ勧めたい書。教授と院生の対話と，著者自身の説明（概論編）を往復しながら読むことを勧める。

『対話で学ぶ行政法』宇賀克也ほか 編　　　　　　　　　有斐閣，2003 年

> 行政法研究者と各回のゲスト（民法，憲法，民訴法，刑事法など）が，行政法の課題について語り尽くした対談録。研究者同士の本気の議論，圧巻の参考文献欄は，「巨人の肩」にのり，さらに前に進む様子を示している。評者（横田）を研究の道に引き込んだ 1 冊。

映画と法

→Q&A Q02

映画，好きですか？ ここでは，複数の映画作品を題材として，また，特定の作品を取り上げて，それに関連する法的な問題を解説する書を紹介します。法的な問題は常に私たちの身の回りにあるといっても過言ではありません。そう，それがたとえ，フィクションの中であっても。（小谷）

『新・シネマで法学』
野田進＝松井茂記 編　　　　　有斐閣，2014年

法的なものさしを使って映画を観る

映画作品を取り上げ，その作品に関連するわが国における法的論点と，法がいかなる役割を担うか（または，いかに無力か）につき論じる論考集。2014年に新版が編まれ，「E.T.（1982年，米）」「レオン（1994年，仏・米）」など不朽の名作から，「最強のふたり（2011年，仏）」など，近年の話題作まで取り上げられることとなった。

本書を読むと，私たちが生きる社会にこれだけ多岐にわたる法的課題が存するという発見があるだけでなく，このような映画の観方ができるのだなあという感銘も受ける。「法的ものさしを用いて社会で起きている様々な出来事について考える」とはどういうことかを理解する一助にもなるであろう。

『映画のなかの医事法学・plus』
前田和彦　　　　　　　　医療科学新書，2017年

医事法の入門にもいい1冊

映画作品を題材として，作品中や作品テーマに見出せる医事法学的トピックスについて解説する1冊。資格法，薬事法規から，保健・衛生法規，介護・福祉法規，はたまた生命倫理的な問題……と，解説されるトピックも多岐にわたる

が，紹介されている映画作品も「真夜中のカーボーイ（1969年，米）」「小さな恋のメロディ（1971年，英）」から「時をかける少女（2010年，日）」「聲の形（2016年，日）」まで幅広い。「医事法」という科目を担当することがある教員として「医事法って何ですか？」と尋ねられることがあるが，本書を読むと「医事法的な問題は身近なところに転がっている」ことがわかる。

●こんな本もあります

『シン・ゴジラ政府・自衛隊事態対処研究』石動竜仁ほか

ホビージャパン，2017年

いまの日本に巨大不明生物が現れたらどうなる？ 「シン・ゴジラ（2016年，日）」において，政府・自衛隊がいかなる根拠に基づき，どのように動いたのかを軍事，物理学など様々な観点から解説する本。横田先生も行政法の観点から解説しています。

『それでもボクはやってない』周防正行　　　　　　　幻冬舎，2007年

痴漢冤罪をテーマとする同名の映画（2007年，日）のシナリオや，監督・周防正行氏と元裁判官・木谷明氏の対談が収録されている。同作を監督するにあたり，長期間徹底的な取材を敢行した周防氏の刑事司法に対する疑問に対して，木谷氏が元裁判官の立場から答える対談は非常に興味深い。なお，当時と現在で運用などに変化がみられるとのことなのでその点は注意。

『映画で学ぶ憲法』志田陽子 編　　　　　　　法律文化社，2014年

憲法ってちょっと抽象的だなあと思ったことがある人はいませんか？ 憲法が具体的にはどのような場面で問題となるか，映画を題材に語る1冊。憲法の理解を深めるためにもオススメ。

法的な論点のあるフィクション

→Q&A Q02

リーガルサスペンスというジャンルが確立されているように，法律や法的問題がかかわるフィクション作品は世の中に数多くあります。選ぶのが難しいですが，あえていわゆる「法廷もの」は極力排してみました。（小谷）

『火車』
宮部みゆき　　新潮文庫，1998 年　※単行本は 1992 年刊

民法を学びつつ読んでほしい珠玉のミステリー

休職中の刑事・本間は，遠縁の男性から行方をくらました婚約者の女性を探してほしいと頼まれ，人探しをすることになるが……。

できることならこの物語に関する記憶を失ってからもう一度読みたいほどミステリーとしても破格の面白さだが，消費者金融，住宅ローン，自己破産，失踪宣告など，民法の授業で取り扱う題材がこれでもかと登場する。ぜひ民法を学びつつ読んでほしい 1 冊。

『テロ』
フェルディナント・フォン・シーラッハ／酒寄進一 訳　　東京創元社，2016 年

命を天秤にかけることはできるのか？

ドイツ上空で 164 人が乗った国内線旅客機がハイジャックされた。7 万人の観客がいる競技場に墜落しようとする旅客機を緊急出動した空軍少佐が独断で撃墜，この少佐の刑事責任を問う法廷を描く戯曲。「164 人を殺して 7 万人を救った男は英雄か？　それとも犯罪者か？」読者にもこの問いが突きつけられる。罪や罪の大きさとは，人の命とは，正義とは何なのだろうか。

『風紋(上)(下)〔新装版〕』
乃南アサ　　双葉文庫，2014 年　※単行本は 1994 年刊

犯罪の「被害」とはなにか

　家族を殺された女子高校生と，殺人の被疑者であるとして逮捕された者の家族の女性を主人公としたミステリー。事件によって被害者の家族に何が起きたのかといったことや，加害者家族の生活にあらわれた変化を丁寧に描く。事件により発生する広義の「被害」について深く考えさせられる。

◉こんな本もあります

『理由』宮部みゆき　　朝日文庫，2002 年　※単行本は 1998 年刊

　あるマンションの一室で起きた殺人事件の背景をいわゆる「モック・ドキュメンタリー」的手法を用いて明らかにしていく……という趣向のミステリー。競売物件の落札，占有屋など，民法（とくに担保物権法）を学びつつ（学ぶ前に？）読むと面白いと思うが，「家族とはなにか」も大きなテーマとなっている。

『空飛ぶタイヤ』池井戸潤　実之日本社文庫，2016 年　※単行本は 2006 年刊

　走行中の大型トレーラーからタイヤが脱落し歩行者に激突，この歩行者が死亡した事故を題材とした小説。大企業対中小企業の経済小説として読むこともできるが，交通事故の加害者が負う刑事責任・民事責任，トレーラーの製造者＝自動車メーカーの製造物責任の問題として読むことも可能。

『チルドレン』伊坂幸太郎　　講談社文庫，2007 年　※単行本は 2004 年刊

　型破りな家裁調査官を主人公とした連作短篇集。真正面から法的な論点が取り扱われているわけではないが，個々の問題に調査官がどのような関わりを持てるか，何ができるかを考えるきっかけとなる 1 冊。

元最高裁判事の回顧録を読んでみよう

最高裁判事はどんなことを考えて判決を書いているのだろうか？ 実は近年，元最高裁判事が回顧録の形で当時を振り返って熱いメッセージを記した本が多く出版されている。また，最高裁個別意見に着目した研究書も紹介しよう。（横田）

『裁判・立法・実務』
田原睦夫 編著
有斐閣，2014年

弁護士としての法廷，法制審議会での立法過程関与，そして最高裁判事として

著者の田原氏は，弁護士としての長いキャリアを経た上で最高裁判事として任命され，多数の判決に関与した。本書は，氏の弁護士としてのキャリア（大阪国際空港公害訴訟等）だけでなく，法制審議会（法律の制定過程），そして最高裁の判決についても，それらの分野に知見を有する学者とのインタビュー形式で対談することによって説明されている。弁護士として，裁判官として，訴訟をどのように考えるのか，これからの法曹に期待することはどんなことなのかが綴られている。

『最高裁回想録』
藤田宙靖
有斐閣，2012年

個別意見って何のため？ 学者出身判事が考える「学者と裁判官の間」とは

小田急高架化訴訟事件（最大判平成17・12・7）には，藤田宙靖裁判官の補足意見があり，「リスクからの保護義務」という，新たな考え方が示されていた——というのは，行政法学習者ならどこかで一度は聞いたことがあるはず。では個別意見とはどんな考えで示されているのか，考えてみたことがあるだろうか？ 36年間東北大学で行政法の研究をした

後に最高裁判事となった藤田氏は，最高裁本来の考え方を国民に示す「説明責任」を果たすために，できるだけ理論的に明確な説明をしようとして個別意見を執筆したと綴っている。学者判事からみた理論と実務の間に思いをはせてほしい。なお，続編（『裁判と法律学』〔2016年〕）もオススメ。

❷こんな本もあります

『私の最高裁判所論』泉徳治　　　　　　　　　日本評論社，2013年
　　　裁判官出身の元最高裁判事が，最高裁の歴史と違憲審査権，そして裁判所の未来について語る。自らの個別意見の背景についても丁寧な解説が付されている。最高裁判決の「裏側」と，今後の展望をつかむための本。

『憲法学からみた最高裁判所裁判官』渡辺康行ほか 編　日本評論社，2017年
　　　憲法学の観点から，最高裁発足時からの裁判官農地，25人に着目した論文集。各裁判官の来歴に関する記述も多く，評伝集としての読み方もできる。千葉勝美・元最高裁判事の特別寄稿も収録。

『最高裁の少数意見』大林啓吾＝見平典 編　　　　成文堂，2016年
　　　少数意見の意義や課題について，少数意見制度を持つ日本・アメリカ・イギリス・ドイツ・カナダ・EUにつき論じた本。「少数意見」というものの位置づけを比較することで，各国における司法制度のあり方や裁判官の立ち位置がみえてくる。比較法という手法の入門としても好適。

いろいろな進路を考える

→Q&A Q01

法学を学んで何になる？ いろいろな進路を考えるために，法を使ってできること，法を変えていくためにできることも考えてみよう。（横田）

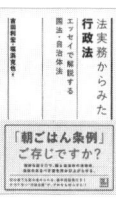

『法実務からみた行政法』
吉田利宏＝塩浜克也
日本評論社，2014年

自治体をめぐる法制度を，職員目線で考える

「朝ごはん条例」って何だ？ 自治体が制定する条例って，どんなことをしているか，ご存じですか？ 本書では，佐倉市職員の塩浜さんと，衆議院法制局で議員立法作成に関わった吉田さんが軽妙な語り口で，国と自治体の関係，自治体が抱える課題への対応（未納給食費や放置自転車など）を解説していく。議会や任期付公務員としての弁護士との関係にも触れるなど，今の自治体法務の姿がみえてくる1冊。

『法のデザイン』
水野祐
フィルムアート社，2017年

法により創造性やイノベーションを加速させることは可能か？

「法規制のせいで新しい技術やビジネスができない」——それでいいのか？ アーティスト達の弁護士として活躍する著者が，法という社会のOS（Operating System）を更新していくために，分野やビジネスごとに違うルールを統合していく視点，リーガルデザイン（法の設計論）を提示する。後半では音楽やアート，金融など，インターネットが普及して以降，変革を迫られた分野における法解釈の工夫をエピソードとともに紹介する。

『公務員弁護士のすべて』
岡本正 編集代表　　　第一法規，2018年

国の省庁や自治体，被災地や大学・医療機関で働く組織内弁護士の姿

　司法制度改革以降，民間企業だけでなく国や自治体などの内部で働く弁護士が増えている。本書は，日本組織内弁護士協会（JILA）のメンバーのうち，パブリックセクターにおける法曹有資格者がどんな活動をしてきたのかをまとめた1冊。行政内部に弁護士がいることで，組織の何が変わるのか。仕事のやりがいはどこにあるのか。弁護士を志す人も，公務員を志す人にも，一読してもらいたい。

◯こんな本もあります

『自治体訴訟事例ハンドブック〔改訂版〕』
特別区人事・厚生事務組合法務部 編　第一法規，2017年

　実際に訴訟を担当した自治体法務担当者による事例集。訴訟の経緯が判決以後の状況まで記載されている。いわば「自治体法務担当者による判例百選」。訴訟だけではない解決策や，どうしてこんな紛争が生じたのかについても思いをはせて欲しい。

『弁護士「好きな仕事×経営」のすすめ』北周士 編　第一法規，2018年

　スクールロイヤー，ネット炎上対策，精神障がい者やわいせつ事犯の弁護，カルト対策，行政事件……世間的にはニッチ過ぎる，商売にならないと考えられていても，自分の「好きな仕事」で稼いで経営を成り立たせてきた弁護士たちの本。

『ビジネスパーソンのための法律を変える教科書』別所直哉
ディスカヴァー・トゥエンティワン，2017年

　不合理・時代遅れな法律や条例，規格，ガイドラインなどを変えていくには何をすればいいのか？　ヤフー法務担当者が経験を元に熱く語る，ロビイングの実践書。なかなか見えてこない「法律ができるまでの過程」をも捉えて具体的なプロセスを解説している。

Part2 法学学習の「推し本」で紹介した本を一覧にまとめたブックリストを，ウェブサポートで公開しています。書店などで本を探す際にはぜひご活用ください。
http://www.yuhikaku.co.jp/static_files/QAbooklist.pdf

Part3

法学学習
特別ゼミ

実際に法学を学ぶ学生さんたちに集まってもらい，
本書の内容を充実させるための特別ゼミを開催して，
出された意見をまとめました。
法学学習で大切となる「ノートのとり方」を中心に，
役に立つ多彩なアイディアやアドバイスを集めています。

法学学習特別ゼミについて

　このPartでは，2018年の夏休みに開催した「特別ゼミ」に参加した学生からの質問と，それに対する学生たちからの応答，そして教員側からのコメントを紹介します。

　　　　　　　　＊　　　＊　　　＊

　この特別ゼミでは，「ノートのとり方をどうしたらよいのだろう？」という疑問に答えるために14名の学生に集まっていただきました。そこで，最初は「そもそもノートのとり方のコツは？」という疑問について，横田自身が考えた答え（自分の心の中にあるちょっとした疑問〈内なる声〉もメモをとろう）を説明した上で，前半は教員3人がそれぞれ異なるタイプの模擬講義を行い，実際にノートをとりながら試していただきました。

　横田：環境法第1回模擬講義［レジュメを配布］
　小谷：医事法の視点から「タトゥー事件第一審判決」の解説講義
　　　　［レジュメのほか，医師法の条文，判決文を配布］
　堀田：刑事訴訟法の「伝聞法則」について模擬講義［パワーポイントのスライドを用いて印刷したものを配布］

　そして，後半では，3班に分かれて，まずは1人で質問したい項目を書き出し，次に班ごとにノートの作り方についての疑問点をあげ，最後に全体討議で内容を練り上げていきました。

　このように，本Partは具体的に色々な形式・内容の講義を受けてみた上で，自分の考えを「それぞれもくもく」書き出し，「みんなでわいわい」相談しながら練り上げていった，参加学生全員との共著になっています（以上，「内なる声」「それぞれもくもく」「みんなでわいわい」については，『カフェパウゼで法学を』［→85頁］参照）。以下，その紙面構成を説明します。

〈特別ゼミの構成〉Q01〜Q06

学生からのQUESTION

学生目線での質問です。実際の困りごとがどういう場面で生じているのかを説明してもらいました。あなた自身のノートのとり方と比べてみてください。

みんなの意見

質問に対して，他の学生から「似たような悩み」「自分はこうしている」「こういう方法もあるんじゃない？」といった意見を出しあいました。

先生からのアドバイス

「みんなの意見」について，先生たちが教員の視点から感想を述べたり，追加のアドバイスをしています（丸数字は対応関係を示します）。

最後はろけっとぽっぽーによる，ためになる（かもしれない）まとめだよ〜！

〈特別ゼミの構成〉Q07～Q09＋

　後半（Q07～Q09＋）では，特別ゼミで出された質問のなかから，Q01～Q06に分類できないものに対して，口頭で答えた内容を，再構成して紙面に反映しました。（登場する学生と先生は再構成に伴って架空の存在となっています。イラストがちょっと「コスプレ」っぽくなっているのもたぶん気のせい……イメージ画像です！）

　　　　　　　　　＊　　＊　　＊

　Q07に登場するノート例や判例六法の書き込み例はウェブサポートページでカラー・拡大版の画像を見ることができます。本書を見ながら活用してください。

→ http://www.yuhikaku.co.jp/static_files/QAseminarQ07.pdf

> 　ノートのとり方にはいろいろなやり方があるので，「誰にでも当てはまる攻略法」はありません。「自分にあった方法は何かな？」「あの先生の講義だとやりやすいコツは？」など，いろいろ試してみるためのヒントを探すつもりで読んでくださいね！

本書でのノートの分類について

本書では〈授業内ノート〉と〈授業外ノート〉という2パターンのノートを例に挙げて、ノートのとり方・まとめ方を説明しています。ここではそれぞれのノートの分類と役割を確認しておきましょう。

〈授業内ノート〉

学生が講義に出席し、授業中にとった記録を本書では広く〈授業内ノート〉と呼んでいます。授業中に板書されたこと、教員が口頭でした説明をノートやルーズリーフに書き込んだものだけでなく、配布資料への書き込み、メモや付箋紙に書いて教科書やレジュメ、ノートなどに貼ったもの、授業中に感じた疑問などを書いたもの、PCで作成した記録などもここに含めます。

また、たとえば、授業中聞き逃したことを基本書などを見て授業時間外に補う作業を経ているものも、〈授業内ノート〉の範疇に入るものとします。

〈授業外ノート〉

学生が作成したノート、記録、メモのうち、授業時間以外に作成されたものを〈授業外ノート〉と呼んでいます。たとえば、予習の過程で気になったことや疑問、予習で調べておいたことを書き起こしたものなど、授業の前段階で作成したもの。また、授業後に、授業内ノートや配布資料、参考文献などを参照しつつ作られたまとめノート、定期試験の対策として書かれたノートや答案構成などのノート、さらには各種試験、ゼミ、卒論などを見据えて作成されたノート。これらをまとめて以下では〈授業外ノート〉と呼んでいます。手書きのもの、PCなどで作成したものなど、方法は問いません。

ノートテイク

〈授業内ノート〉
Q01 書くのが追いつかない。抜けがあったらどうするの?

学生からのQUESTION

> 先生の講義を聞いてノートをとっているのですが,配布資料を見たり,教科書や六法を読んだりしていると先生の話を聞き逃してしまうことがあります。そもそも,先生が話すスピードが速いと書けないこともあります。書き取れなかったところはどうしたらいいでしょう?

みんなの意見

■ノートをとるためのアイディア

①予習というほどではないけど,六法や教科書も,講義で使う範囲のところを開いておくだけでも違うんじゃないかな? できれば,あらかじめ講義の範囲だけでも目を通して用語に慣れておくと,音を文字にしやすくなるかも。

②全部書き取るのが無理なら,書き取れなかったところを後から補充できるよう,スペースを空けておく。ノートには「きp○」とか「百○」(それぞれ教科書○頁,百選○事件,○頁のこと)など省略形で書いておいて,教科書や判例集などで確認して,埋める。

③キーワードを書き取る。漢字が分からなくてもひらがなで書き留める。あとでググるなどしても漢字は調べられる。

先生からのアドバイス

　まずはじめに，この質問が出てくること自体がすばらしい！　板書されたことだけを書き写すのが「授業内ノート」ではありません。なかなか難しいでしょうが，口頭だけでされた説明も含めて書きとめたものが「ノート」です。ノートをとるための疑問・アイディアがたくさん出されました。

①これは，「予習をどれだけするか問題」[→ Q&A Q08]でもありますね。やはりある程度わかっていることだとノートもとりやすくなることが多いと思います。たとえば「らんよう」と耳で聞いて「濫」の文字がぱっと出てくるだけでもだいぶ書くスピードが違うはず。
②③「速さ」と「見やすさ・美しさ」はトレードオフの関係。授業内ノートについては，ある程度後者を捨てることも場合によっては必要でしょう。
③漢字がわからなくても，ひらがな＝音を書き取るのは重要。わかっている言葉でも「義務」「損害賠償」など，画数の多い字は省略する・ひらがなで書くのもアリです。

みんなの意見

■聞き逃したところはこうしてます
④同じ授業を聴いていた友人に聞いてみる。
⑤講義後に先生に聞く！　……でも，「聞き逃した」ということで質問してもいいのかな？

先生からのアドバイス

④⑤は「王道」の方法。
④これがやれるといいですね！ 聞ける友人がいなければ，友人を作るきっかけにもなるのでは？
⑤どんどん聞いてほしい！ ただし，聞き方に気をつける必要もあるかも。たとえば言葉遣い。「ここなんて言ってました？」ではなく，「すみません，ノートに書き取れなかったうちに次に進んでしまって……」や，「……と理解したのですが，間違いないですか？」という聞き方がよいかもしれません。また，質問するタイミングの問題も。講義後は疲れていてぞんざいな対応になりがちな先生や，講義前に質問されるのは困るという先生もいます。その場合，オフィス・アワーなどに行くようにしましょう。

また，「どこが」「どのように」わからないのかがうまく伝わるよう，ノートや，教科書などの「わからない」ところを持っていくといいと思います。[→ Q&A Q12]

みんなの意見

■こんなアイディアも！
⑥授業中に先生に向かって「わからない」顔をしたり，アイコンタクトで聞き取れなかったことを伝える。
⑦先生が繰り返し述べたところは重要な箇所。そうでないところが書き写せなかったときは諦めちゃう。
⑧講義を録音して，文字起こしソフトにかけて確認する。

先生からのアドバイス

⑥このアイディアにはその場にいたほかの学生さんたちも「すごい」と声を上げていました。上級者ですね。わたしたち教員も150人ぐらいの教室なら学生さんの顔を覚えていたりするので、特定の学生さんの反応を見て「あの学生さんがわからなさそうにしているなら……」と説明を足したり、言い方を変えてみたりすることはあります。

⑦たしかに重要なところは意識的に繰り返し話すようにしているので、そういう方法もなくはないかも。でも思い切りがよすぎるなあ……。

⑧著作権関係には気をつけたほうがいいかもしれません [→ Q&A Q10]。また、これについては学生さんの間からは「それで勉強になるの？」という声もちらほら……

聞き逃すことはある程度前提として、
どう補うか工夫することも重要！

ノートテイク

〈授業内ノート〉
Q02 どう書き取る？具体的な方法を教えて！

学生からのQUESTION

そもそもみんなどうやってノートをとってるの？ 今日の特別ゼミでもいろいろな方式のミニ講義がありましたが，やっぱり講義の方式によってノートのとり方って変わるのでしょうか。おすすめの方法ってありますか？

みんなの意見

■「どこに書くか」問題

①配布資料やレジュメに書き込む。たとえば，レジュメに書かれた文章を補う・行間を埋めるなど。スペースとの関係で書ききれないときは付箋に書いて貼っておく。

②どのような方式の講義であってもノートを用意する。見栄えはしなくてもなるべく全部書き取るように，多少文字列が斜めになってもいいのでノートに視線を落とさずにとにかく書き取る。

先生からのアドバイス

①配布資料やレジュメの情報量が多め，という形式の講義であればこれが一般的かもしれません。講義や配布資

料の形式によってノートのとり方も変えるというのが一般的なのかな？

②他方で，講義などの形式に左右されない方法をとる人も。

この①と②の方法はいずれにせよ，これをあとで見返して授業外ノートを作ることが前提の授業内ノートと言えるように思います。

私たちは大学時代，レジュメに書き込むというよりも，ノートを用意して，(いま講義で配布しているような) レジュメを作るようなノートをとることが多かったように思います。このやり方のメリットは，授業内ノートをとる時点である程度整理をしてノートをとることになるので，後で見てわかりやすい，講義の時点で完全ではなくてもある程度内容を咀嚼できるということでしょう。また，この場合，空白や改ページを多めにとっておくと，補充しやすくてよい！ との意見もありました。

みんなの意見

■どのくらいの密度で書き取るか

③詳細に書かれているレジュメの場合，行間を埋めるくらいしかしないなぁ。レジュメや板書のない講義では先生の言ったことをなるべくたくさん書くようにしています。

先生からのアドバイス

③たしかに、授業や配布資料の形式によって、どのくらい書くかは変わりますよね。

資料がある場合、話を聞きつつ資料で省略されているところを見つけ、それを補うメモを「行間を埋める」つもりでしておくと、あとで復習するときも有用ですね。パワーポイントのスライドが印刷されたハンドアウトが配布される場合も、そのスライドについて教員がどのような説明をしたか、どういうことを話していてこのスライドを使ったか書き込むのもいいでしょう。

みんなの意見

■ノートをとるときのペン

④ノートをとるとき、そもそもどう色分けしたらいいのかわからない……。

⑤特に意識せずシャーペンで書いてるけど、それじゃダメなのかな？

先生からのアドバイス

④⑤講義中に色にこだわると、時間がかかるかも。講義中は単色で書き取るほうが効率的でしょう。とはいえ、色による視覚的効果も捨て難い……。

たとえば、

・講義中は自分なりにルールを決めてマークをつけておき、それをもとに復習時に色分けする。

・復習するときに強調線をカラーで引く,線で囲む
なさはどうでしょう？

みんなの意見

■先生はどうやってたんですか？
実際に,先生が学生時代にとっていたノート,見せて下さい！

先生からのアドバイス

ええー,わ,わかりました。
再現してみますね……。[→ゼミ Q07] へ！

授業外ノートを作るとき,
復習するときにやりやすいよう
授業内ノートをとろう

〈授業内ノート〉
Q03 手書き以外でノートをとるのって，あり？

学生からの QUESTION

PCでノートをとることがあるのですが，それって先生方は気になりますか？ 授業中ノートを手書き以外の方法でとることはしてもいいのでしょうか？

みんなの意見

■PCでノートをとることのメリット・デメリット

〔メリット〕
・タイピングが速ければ，先生が早口でも書き取れる。
・スマホ等とクラウド共有して，どこでも勉強できる。防水機能がある端末で閲覧すればお風呂でも！

〔デメリット〕
・タイピングに慣れていなければむしろ時間がかかる。
・変換ミスが気になる。
・先生の授業スタイルによってはうまくマッチしない（たとえば，板書で図を書くことが多い場合，ノートも必要になり切替えが面倒）。
・図を書くのが難しい。

みんなの意見

■PCでノートをとるときの工夫
・図を書き取るときはPCは使わないという方法もあると思う。ノート「も」用意する。
・タブレットならアプリを使えば専用のペンで図やイラストなどを描けるよ。

先生からのアドバイス

・授業中にPCでノートをとることは、特に担当教員が禁止しているなどの事情がなければいいのではないでしょうか。
・PCでノートをとるときに問題となる変換ミスは、使っているうちにPCが学習していくことも。辞書登録なども積極的にしましょう。ただし、それでも変換間違いをする可能性はあるため、復習時などに教科書との突き合わせはしたほうがいいでしょう。
・アウトライン機能を活用しよう。見出しを付ける・書いた文章の順番を入れ替えるなどが簡単にできます。
・PCやタブレットを使う場合、大学での電源使用・充電の可否には注意。充電してはいけないところで充電するようなことはしないようにしましょう。
・タブレットはキーボードやタッチペンなどのツールを組み合わせれば、PCと手書きノートの「いいとこどり」ができるガジェットなのかも……？ もちろん、それらを用意するためにはある程度お金がかかりますが。
・メリットやデメリットはツールごと、授業のタイプご

とにそれぞれ異なりうるということがわかりますね。そして，それをどう評価するか，どう克服するかも人それぞれです。

・手書き，PC，タブレット，様々な授業内ノートのとり方がありますが，基本的には，自分がいちばんやりやすいと思うやり方でノートをとるのが一番いいと思います。また，予習や復習をどのようにするかによってもノートをどのようにとるべきかは変わってくるかもしれませんね [→ Q&A Q08・Q09]。それはつまり試行錯誤しないとわからないこと。いろいろ試して「自分のスタイル」を作りましょう。試行錯誤すること自体も勉強なのではないでしょうか。

いろいろ試して，うまく使い分けよう

Part 3

法学学習特別ゼミ ノートテイク Q03

手書きノートは
あとから
編集しづらいかな

なるほど〜

でもPCだと
せりづらい
授業も……

〈授業外ノート〉
授業外ノートは そもそも作るべき？

学生からのQUESTION

　授業中にとったノートは，内容が断片的だったり，読みにくかったりします。授業外ノートを別に作る必要があるでしょうか？

みんなの意見

■**授業外ノートを作る理由**
①授業中は，走り書きで字が読みにくかったり，細部まで聞き取れずメモの内容が整理できていなかったりするから，復習の時にきれいなノートに書き直しておきたい。
②「授業に出た」だけで満足しがちだから，清書しつつ内容を見直して復習もできる。
③授業外ノートこそPCで作ろうかな。作業が効率よくなるし，後から切り貼りもしやすいし。
④復習しながら，いろいろな資料を参照して，授業内ノートの記載を補充すればいいのかな。

先生からのアドバイス

①きれいなノートの方が，後で読み返したりするときに便利ですね。その際，条文番号や判例の日付等，用語の字などに誤りがないかを確認することも重要です。

②復習時に「手を動かす」ことは大事です。レジュメや教科書等をなんとなく眺めているだけでは，知識が定着しないおそれがあります。また，授業中にメモした内容が何を意味するのかが，後からみると不明な場合もあるでしょう。色々な資料を確認しながら，もう一度自分なりの言葉で書き直すことで，理解度は上がります。

③たしかにそうですね。ただし，自宅外の学習環境によっては，いちいちPCを開くのが億劫になる場合もあろうかと思います。手書きで作成する方が場所と時間を選ばず手軽だということであれば，まずはその手軽さを優先する方がよいかもしれません。

④教科書の記載や判例の要点を補充する作業を通じて，授業内容を別の角度から再確認することになるのは，有意義です。また，重要な情報の取捨選択をする訓練にもなりますね。

みんなの意見

■情報の一元化はノートでなくてもよいかも
⑤授業外ノートを新しく作らなくても，教科書にどんどん書き込んでいく方法も。
⑥判例六法に集約するというのもアリ。項目ごとや重要度に応じて色分けすると見やすい。

先生からのアドバイス

⑤予習・復習のために教科書を繰り返し読むことは重要ですし，その際に授業内容も併せて参照できるという意味はありそうですね。余白が足りなくなれば，付箋にメモして貼っていくこともできます。

⑥判例六法は，学習上あるいは実務上重要な判例の概要を条文ごとに整理して簡潔に掲載したものです。その判例が個別の条文のいずれに関連するものなのかを確認するためにも有用ですし，その判例の要点を手早く確認できるのも便利なところです。限られた余白に必要最小限の補足情報を書き込むなどもしておけば，たとえば試験直前に短時間で見直すための資料として活用できるでしょう。[→ゼミ Q07]

みんなの意見

■目的に応じた授業外ノートを

⑦試験勉強ということなら，いっそのこと答案形式で文章を書いてしまうというのもアリ。

⑧答案の形にしようとすると，情報を取捨選択する必要があるから，情報を一元化したノートはやっぱり必要かも。

⑨試験対策も必要だけど，どんな勉強をしていたのかを後から振り返るための記録を残しておきたい。

先生からのアドバイス

⑦いわゆる「アウトプット」の訓練として，学んだことを文章形式でまとめることは有効です。具体的には，「〇〇について論ぜよ」というような一行問題を想定して，それに対する解答案を書いてみるのです。過不足ない内容で，適切な段落分けとともにきちんと構成された文章を書くためには，正確な理解が必要ですから，勉強になると思います。[→ Q&A Q13]

⑧これは考え方に個人差がありそうですね。試験問題への解答に必要な情報"だけ"を簡素に集約した答案を用意しておけばそれでよい，という人もいるでしょう。他方で，自分なりに色々と調べたことをまとめたノートは作っておきたい，という人もいると思います。

⑨出席した授業のことや，読んだ教科書や判例集，論文の内容をどう理解していたのか，読みながら何を考えたのか，といったことを授業外ノートに詳しく記録しておけば，その科目のゼミに入ったときに役立つと思います。

「何のための授業外ノートか」をハッキリさせておこう

〈授業外ノート〉
Q05 授業外ノートはどのようにして作ればいいの？

学生からのQUESTION

授業外ノートを作るといっても，どうやって内容を充実させていけばいいですか？ それに，何をどこまですればいいのかがわかりません。

みんなの意見

■まずはレジュメ，授業内ノート，教科書，判例集
①なにより，授業の内容をきちんと把握しないと。レジュメと授業内ノートが，授業外ノートの一番基本的な素材だね。
②教科書や判例集も参照して，レジュメの記載を正しく読めているかを確認しながら，内容をチェックするといいと思う。
③授業内ノートが上手くとれていない箇所は，友人のものを見せてもらう。
④答案型の授業外ノートを作るなら，演習書を読んだり，その科目の過去問を見たりする必要がある。

先生からのアドバイス

①授業内容を把握するためには，授業への出席が必須です。友人の「伝聞」に全面依拠すると失敗するかも？
②指定教科書が授業内容と必ず一致するとは限りませんが，教科書には一通りのことが記述されているので，授業内容の確認や補足に役立つと思います。それ以外の教科書も傍らに置いて読み比べたりすれば，同じ事柄を違った表現で説明してくれるので，理解がより深まります。判例集については，事案と判旨さらには解説をしっかり読む習慣をつけることが大事です。
③頼りっぱなしではよくないですが，「持ちつ持たれつ」の精神で互いに助け合うとよいのでは。それがきっかけで自主ゼミを組んだりすることになるかも？［→ Q&A Q18］
④演習書の中には答案例が掲載されているものもあって，参考になるはずです［「演習書のすすめ」→74頁］。履修中の科目の過去問は，出題形式を知るためには有用ですが，ヤマを張ったりせず，まんべんなく勉強してください。この他に，旧司法試験の過去問も，参考になると思います。

みんなの意見

■基本的な部分の理解ができていないと感じたら
⑤今とっている授業は，先生の話も指定教科書もちょっと難しい。そういうときは，入門書とか薄めの教科書とかを読むようにしている。

⑥コンメンタール（逐条解説）を使うこともあるかな。

先生からのアドバイス

⑤入門書や初学者向けの教科書は，学習上重要な点に絞って書かれていますから，より発展的な内容を学ぶ前提として何を知っておくべきかを確認することができます。その要点を授業外ノートにまとめてから授業に出れば，難しいと感じている先生の話もわかりやすくなるかもしれませんね。

⑥何分冊にもなっているようなコンメンタールは本当に細かいことまで書かれているので学習向きとはなかなか言えませんが［→ Q&A Q04］，1冊にまとまっている比較的簡潔なものもあります。個別の条文について，どんな論点があるのか／どのような学説に分かれているのか等が整理されていますので，それらを確認する上では有用かと思います。

みんなの意見

■興味が沸いてきたらとことん調べてみよう

⑦せっかく授業外ノートを作るのだから，思いっきり充実させたいね。でも，「論文を読む」というと，なんだかハードルが高い気もする……。

⑧ハードル高いのドンとこい！　ついでに，もっと専門的な論文も読んじゃおうか。

先生からのアドバイス

⑦「法学教室」等の学習者向けの法律雑誌は，比較的平易な記述で，学習上理解の難しい項目を掘り下げていたり最新の議論を紹介したりしており，教科書を読むだけでは知ることのできない内容に触れることができます。復習の段階でそういったものに当たれるとよいでしょう。すべての科目のすべての項目でそうする必要はありませんから，興味が沸いたときにまずは始めてみては？
　リーガル・リサーチの訓練にもなりますよ。
⑧大学紀要や研究者・実務家向けの専門誌等に掲載されている論文は，読み手に一定の知識があることを前提に書かれた非常に高度な内容のものが多く，学生が読み解くことは難しいかもしれません。ただ，ゼミではそういう論文を読む機会もあるでしょうし，専門的であるからこその面白さもあります。「半分わかればいい」ぐらいの心持ちで読んでみても，決して無駄にはならないと思います。「こんな論文を読んでみた」ということを授業外ノートにメモしておきましょう。

素材はたくさん。
無理のない範囲で充実させていこう

Q06 〈授業外ノート〉
授業外ノートのレイアウトはどうしたらいい？

学生からのQUESTION

授業外ノートって大学ノートを買ってくればいいのかな？ 実際にどんなふうに書いていけばいいのでしょうか？

みんなの意見

■**授業内ノートと同じ1冊にするなら**
①ノートの見開きの左側を授業内ノートとして使って，右側を授業外ノートにしている。
②授業内ノートの左右上下や行間に余白を残しておくといいかも。
③授業外ノートとして何を補足してどのぐらい書くかわからないから，余白の残し方が難しい。
④だからこそ，授業外ノートをPCで作るといいのかも。

先生からのアドバイス

①オーソドックスなやり方ですね。授業内ノートの記述を活かしつつ，内容の充実した授業外ノートを完成させられそうですね。授業内ノートの作成中に，復習時にど

こを補足すべきかの目印(「?」など)をつけておくのがコツです。

②このあたりのやり方は人それぞれですね。学生さんからの言及がありましたが、一例として「コーネル式ノート」というものがあります。1ページを「メモ」「キーワード/疑問」「サマリー(まとめ)」という3つのエリアに分ける方式です。これも参考になると思います。

③製本されているノートの場合、そういう問題がありますね。ルーズリーフならページを加除できます。例えば、バインダーに追加で読んだ判例のコピーも一緒に綴じておけば便利です。

④授業内ノートとは別にPCで作るということですね。PCで授業外ノートを作る場合、後から修正/加筆できることは大きなメリットですが、他方で、ついつい情報過多になってしまうことがあるかと思います。やはり、「手を動かす」ことで記憶の定着が促されますから、答案形式の文章を書いてみるなどするとよいでしょう。その方が、誤字もなくすことができそうです。

みんなの意見

■こんなアイディアも!
⑤定義、制度趣旨、判例などをそれぞれ違う色の蛍光ペンで囲んでおくと見やすくなる。
⑥授業外ノートをPCで作る派なんだけど、クラウドサービスにアップロードして、スマホでも見られるようにすれば、通学中などのちょっとした時間に勉強できる

よ。友人たちと共有して，内容も追加できるし。
⑦授業の内容をパワポにまとめなおしている。図解も載せやすいし，スライドごとの文字数を抑えて「書きすぎない」ことを意識している。

先生からのアドバイス

⑤授業外ノートを作るときには時間がたっぷりありますから，色々こだわることができそうですね。料理の盛り付けが大事なのと同じで，レジュメやパワポが見やすいのに越したことはないのです。自分用の授業外ノートも，後から使うときに見やすく作ることは重要です。
⑥通信技術をしっかり活用していますね。しかも寸暇を惜しんで勉強するとはすばらしい！　ただ，インターネットからのコピペや，文章の著作権については気を付けてくださいね [→ Q&A Q16]。
⑦このやり方はすごく独創的だなととても感心しました。ちょっと手間はかかりそうですが，パワポ作成の訓練にもなりそうです。

みんなの意見

■作っただけで満足してはダメ
⑧図解を多く書くか，文章をたくさん書くか，ちょっと悩みどころ。
⑨授業外ノートを答案形式で作るという話がさっき出てきたけど [→ゼミ Q04]，箇条書きとかでもいいのかな。

先生からのアドバイス

⑧たとえば,授業で配付されるレジュメに文章が多いような場合には,そのように図解を自分で作成することで理解が深まると思います。一方,板書に図解が多かったりレジュメに箇条書きが多かったりする授業の場合は,後からこれを自分なりに文章化することが有効な復習になります。

⑨一行問題や事例問題の数をたくさんこなすためには,また,後からサッと見直して記憶を喚起するという使い方をする場合には,箇条書きでよいかもしれません。どのような形式で授業外ノートを作るにしても,行間を埋めてきちんとした文章にできるように準備しておく必要はありますね。もちろん,「試験勉強だけが『法学』なのか?」問題がありますので,それは142頁で。

レイアウトは工夫のしどころ。
作りっぱなしにせず,しっかり活用しよう

その他

Q07 横田先生の学生当時のノートの取り方は？

①授業内ノートを手書きでとる場合の例

授業のレジュメ

> 行政法　第10回
> 抗告訴訟と仮の救済の類型
> I　行政事件訴訟法の訴訟類型
> 　1.　抗告訴訟
> 　(1)　(2種類の) 取消訴訟
> 　(2)　二者関係・多数関係
> 　(3)　義務付け・差止め
> 　2.　対応する仮の救済
> 　　　………

レジュメへの書き込みやPCでノートをとる人も，図解だけは手書きノートに書き取っておこう。
聞き取れなかったら，カタカナでもいいから書いておこう！

用語の区分に注目して構造化したメモを作ろう。

124

レジュメとの対応番号と日付は必須。
詳しいレジュメなら，書き込んでしまうのもアリ！

授業後の自学で補充するために，あえて右側を空欄にしておいたり，隙間を大きめに空けてノートをとっていました。

図解を理解しながらメモしよう！
順序に①，②を付けておくとわかりやすいよ。

授業内ノートは手書きで，
後の自学で補充していましたよ！

授業後のノートの補充は次の頁で！→

②授業内ノートをあとの自学で補充しよう！

授業内ノートと六法と教科書を突き合わせます

■授業後の補充
書き切れなかった用語や，六法を引きながら条文番号を書いておこう。

定義や分類には，それにあてはまる典型例と異常例を書いておくと理解がしやすくなるので，授業中にどんなことを言っていたのかを思い出してみよう。

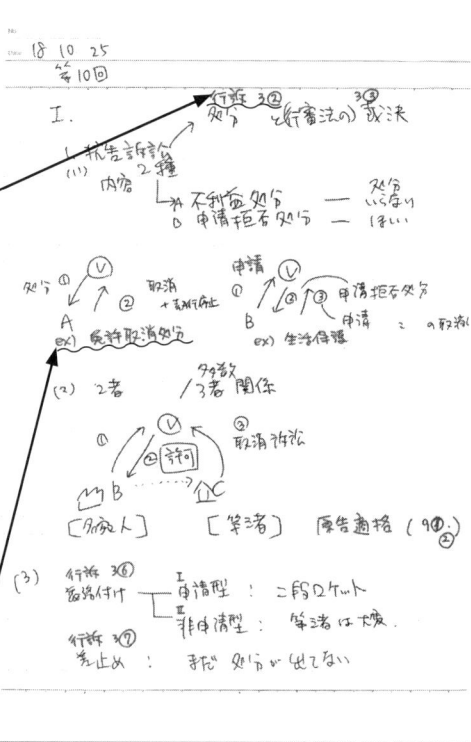

■授業後の自学
教科書のなかで写しておきたい内容もあわせて書いておこう。
疑問点をメモしておいて、そこも空白を残しておくのもよい（先生に質問した後にさらに補充する）。

勉強したことをさらに集約すると……→

③判例六法を「書き込みサブノート」にしてみよう!

○×問題や択一式問題で間違えたところや,教科書と突き合わせてよくわからなかったところを確認するために,条文+重要判例の判旨に書き込みをしておこう!

■条文への色塗り
条文の要件と効果を確認しよう。
(1)ある効果が認められる場合の要件を 青
(2)但書や例外など,ある効果が認められない場合の要件を 赤
というルールで色分けをしながら読んでみよう!

塗りすぎるとかえって読みにくくなることも……。「間違えたところ」や「気をつけたいところ」だけ書き込むのがポイント!

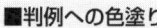

■判例への色塗り
ある要件を認めた/認めなかった判例を塗りわけて判断が異なる理由を考えてみよう。ポイントになった個別事情や特徴的な判断には傍線を!

試しに「こすると消せるペン」でやってみようかな……?

128

白黒ではわかりにくいかな？
カラー版をウェブサポートで確認しよう！

間違えた問題については、ポイントを判例六法の余白に書き込んだりしていました

その他

Q08 判例百選ってどう使ったらいいの？

判例百選ってよく参考書指定されるけど，どう使ったらよいかわかりません！ 全部読まないとダメですか？

■判例百選とは

判例百選とは，ある法分野に関係する重要な裁判例を編者が論点毎に並び替え，各項目の判例解説を分担執筆することで出来ている書籍で，だいたい5～10年に1回くらい改訂されています（その間に出る最新判例については，毎年『**重要判例解説（重判）**』が発刊されています）。いわゆる「七法」科目だけでなく，多様な法分野について編成されています（これまで横田が書いたものだけでも，行政法だけでなく，社会保障，環境法，メディアがあります）。ここでは，**執筆者の視点**も交えながら，学生が勘違いしやすい点も含めてご紹介します。

■論点と争点について

民事訴訟法の授業では，**「争点」**とは，当事者がその訴訟手続において争っている点，と習うはずです。判例百選では，特定の**「論点」**に関する部分を中心的に切り出しているため，当該判例の全体像を捉えていない点に

130

注意してください。一つの判例が二つ以上の百選で扱われることもあり、憲法と民法と行政法で別の論点を取り上げていることがあります。

また、参考として、「新・法律学の争点」シリーズ『○○法の争点』があります。これはいわゆる「争点」ばかりでなく、学習上、教科書より少し丁寧な説明が必要と思われる重要論点も取り上げるという編集方針を採っています（ここでの「争点」とは、強固な学説対立がある論点、というイメージですね）。判例百選と同じようなレイアウトで、各項目について、学説や判例の対立点をわかりやすく客観的に解説したうえで、執筆者自身の見解を簡潔に記述するものなので、ゼミなどでテーマ学習をするときの最初の一歩として読んでみてください。

■使うときに気をつけて欲しいこと

「判例百選は判例学習の入り口」であり、ぜひ実際の判決文そのものにもアクセスして、判決文全体の構造をつかむ訓練もしてほしい、ということです。あえて複数分野にまたがる判例を選んで、複数の「百選」「重判」と判決文とを読み比べてみると面白いでしょう。

判例百選の文献表示は紙面の都合上、かなり簡略化されていることにも注意してください（ときどき、百選を参考にした、文献の出典表記が不十分なレポートが提出されることがあるのです……）。判例の調べ方やレポートの書き方については、『リーガル・リサーチ＆リポート』[→70頁] などを参照するとよいでしょう。

それでは、判例百選の項目について簡単に解説してみましょう。
判例百選では、執筆者が指定された判例を指定された論点に沿って、〈事実の概要〉・〈判旨〉・〈解説〉・〈参考文献〉という項目を立てて解説しているのが一般的です。

〈事実の概要〉では、裁判所の認定事実からポイントとなる部分を、当該論点に関連する事実を中心にとりまとめます。対象判例が最高裁判例の場合は、下級審段階の事実認定も確認しながら、それらの結論（必要に応じて、判旨）についても触れています。

〈判旨〉では、当該判決の主文が何なのかを簡単に触れたうえで、理由の要点を、原文の表現をできるだけそのまま引用します。長い判決文のどこを切り出すかが腕の見せ所ですね。引用部分は「　」（カギ括弧）でくくっています。ここでは、①判例法理（いわゆる「一般論」）が示された箇所だけでなく、②具体的な事案にどのように③「あてはめ」たのかも引用するようにしています。

132

> そして〈**解説**〉においては、当該判例の意義・位置づけを解説します。執筆者向けには「論点の解説ではなく……」という注意書きがついています。ここで問題となるのは、判例の理解のためにどのような情報が必要か、ということです。当該判例についての判例評釈はもちろんのこと、論点に関する学説や、その後の展開(法改正や他の判例との比較など)も含まれます。

別冊Jurist No.241

について4号、5号該当性を否定した原審の認定判断は、結論において正当である。

解説

1 行政機関における会議費等をめぐる社会状況

情報公開制度の活用にったり、住民が地方行政力を検証する。その最も大きな動きの一つが、行政機関の接待費等に関する事例であった。本件の交際費と並んで、各部局における食糧費・会議費・懇談会費(会議における懇談会の茶菓代を除く、名称は様々であるが、以下「食糧費」とする)も、カラ会議や官官接待(中央省庁職員を地方自治体職員が接待することなど)、税金の不正支出の温床となっていたからである。

本判決は、自治体部局の食糧費について最高裁として初めて判断を下したものである。同時期の知事交際費裁判(最判平成6・1・27本書28頁)とは異なり、公開可否についての、公の機関の扱いを示したうえで、開示を認定し、下級審の判断を維持したことと同向された。

2 知事交際費裁判(本件12事件)との異同

もっとも、この結論の違いは、第一小法廷と第三小法廷の判断枠組みの違いによるのか、あるいは事案の違いとして説明するのかは悩ましい。まず、知事の交際費に利用されることや公金の詳細が判明しても飲食店の不利益にはならないという意味で、法人情報「本件該当」なり立ち得ないことは、共通している。

次に、本件では知事交際費裁判と同様、もともと個人情報該当性(本件事例1条1号)は問題とされていない。しかなら、本件文書には「懇談の相手方の氏名は含まれていないのがほとんど」で、あるからである(もっとも本件に限らず、相手方が知られないは推知可能である例外の存在を認める)。

それゆえ、本判決では企画調整等情報(本書4号)と事務事業情報(同5号)の該当性が導き出問題となった。知事交際費裁判や知事の広範な交際の自由を理由に該当するとしたうえで、相手方識別性が一般的・類型的に交渉等の事務事業情報該当性を認定するという枠組みを設定したことと比べると、本判決は、懇談の目的による該当性について広い込みをかけつつ、つまり、「費目簡」において、水道事業等のための飲食代等他の外の事業の事務打ち合わせのための会議にには反対したうえで、(2)についても類型的に4号・5号該当性を否定し、(1)についてもその全でなく、「相手方等が明らかに」「よる新しい支障が生じるものであれば類型・別に可能性を認めるという、より原厳な枠組みを示した。

この枠組みの違いについては、知事交際費と部局食糧費の違いを反映し、知事の交際費という儀礼的事務の特殊性に着目して事務の支障等を認めるものであると考えれば、両判決の違いを合理的に説明可能であり、知事交際費裁判や部局食糧費には及ばないとされる(山田洋・法教2011・29頁、字賀克也『ケースブック情報公開法』[2002] 159頁、千葉勝美・最判解民事篇平成年度153-154頁)。ただし、実務上は知事の出欠席と部局食糧費の外延は必ずしも明確でなく、両者は相対的であるとの指摘(平松毅・ひろば47巻5号13頁)もある。

3 証明責任・主張責任

本判決は、上記場合分けを前提としたうえで、判旨(ロ)において、実施機関による不開示情報該当性にかかる主張立証がないときは、全部開示をすべき、とした原審の判断を維持した。これは、情報公開制度が原則開示・例外として不開示情報が存在するときのみ不開示とする枠組みであることから導かれる。本判決以前にも下級審において確立しつつあった、不開示情報該当性について主張・立証責任が、実施機関にあるとする最高裁の初の判断として評価されている(宇賀・概説Iの実質第7版)[2016]69頁、千葉・最判解153頁)。

ただし、さらに一歩進んで、本件開示請求者が文書の類型と期間を指定したうちに一括請求であることも留意されるべきものであろう。もし仮に、開示請求者が個別の交際費を出てこういいこ場合には、その会にいて開示の利益と困るすることは事務等への支障との間の比較衡量を前提とした解釈がされただろう(多数分・判批-法教368号58頁)。しかもな請求を受けた実施機関側、個別の会議内容が「知切可能性のあるものに対して、各部についての主張の行わい、懇談に関する内容は全て秘密ずべきという一般的・概括的主張を開始した、概括的分組みについて、判旨ロの場合分けの前提とした最高裁ならば、(1)内審の協議必ずそれ以外のいずれにあるかを判明するに応じた小さい事案が個別の会議について判断可能性を程度について個別ゴールをくざなければならないとされた判断、当然のことであり、反に、それは上の具体的立場の程度(内資性や相手方が「知可能性について」公園の注目を場所等の現実体の状況の起望を求めるべきか)については、本件の解決には直接関わらないため、本判決は明言しないのである(中原茂樹・法教114巻5号108頁)。

4 インカメラ審理の不在

それでは、さらに一歩進んで、「おそれ」が存在することまで実施機関による主張・立証を具体的に求めるべきか(参照、本判決先行下級に判決成9・7・29判時1575号31頁)。しかし、そこまで具体的な主張立証責任を求めると、情報公開請求訴訟特有の問題である、誰も実見したことがない一部の事実中手続について、文書の内容を裁判官に見せることなく(説明しなければならない)という困難を抱え込むことになる(阿部泰隆・判自30巻9号114頁)。この難関を回避するために、裁判所側でで文書を検討させる、いわゆるインカメラ審理を認めることも必要となるが、現行法独にはには難しい(個別請求文件事業へインカメラ審理の実現を認定[本規則書の中止不を求めた所定民間小法廷決定13・1・15民集65巻1号161頁参照)、本判決が示した場合分けを含めた公正な審理を実現しようとするば含めば、インカメラ審理の不在が担ら、一層もない情報公開法認定が要請される。

参考文献

本文中に述したしのほかに、以下の文献と、その参考文献を参照。本判決について、平岡久・本書選〔第7版〕28頁、証明責任・主張責任について、横山明彦「政府決定の原理」自政法の本法[ジュリ増刊・2014] 132頁、インカメラ審理について、村上裕章『行政争訟の法理論』 [2018]。

> また、古い判例や特殊な事例の場合にはそもそも「なんでそんなことが争いになったのか?」が、学習者にとってはわかりにくいこともあります。そんなときには、「この判決の背景事情」というかたちで、当時の社会状況等についても執筆することがあります。

> 最後に、〈**参考文献**〉では、本文中では触れられなかった、読者がさらに学習するのに役立つ文献を選りすぐって紹介しています。当該判例の評釈だけでなく、その論点を考えるのに必須となる文献をかかげていますので、ぜひここを手がかりにテーマ学習をしてみてください。

その他

Q09 答案って何をどこまで書いたらいいの？

法学科目の試験での答案の書き方，難しいですよね。本書では答案作成についてのヒントとなりそうな参考書も紹介しています[→ 72〜75頁など]が，ここでは，いくつかの答案例を参照して，どのようなことに気をつけながら答案を作成すべきかを考えてみましょう。

民法総則の試験問題

問　17歳のAは，化粧品数点（総額15万円）を化粧品販売店Bから購入した。この契約締結の際に，Bの販売員から「未成年者はご両親の同意書が必要になります」と告げられ，Aは契約書に生年月日を満20歳になるように記入し，また，年齢も虚偽のものを記入していたために，Bの販売員はAの両親には連絡をとらなかった。

その後，Aは代金を支払うことができなくなったため，未成年者であったことを理由としてこの契約を取り消したいと考えたが，未成年者であることを根拠とする取消しをすることはできるか。

答案例①　答案が短くなりがちなSさんの答案

大丈夫？「未成年者を根拠とする取消し」ってどういうことか覚えてる？

うるさいなあ，大丈夫大丈夫。未成年者を根拠とする取消しってことは制限行為能力者の話でしょ。ただすがにそれで「取り消せる」って結論を書かせる問いではないだろうし……。取り消せない場合ってあったっけ？
……あ，「制限行為能力者の詐術」か

①Sさんの答案

　民法上，Aは17歳であるため，民法上，行為能力が制限される未成年者である。制限行為能力者のなした意思表示はあとから本人もしくは法定代理人により取り消すことができる（民法5条）。しかし，この場合，Aはウソをついていた。民法21条があるので，Aが未成年者であることを理由としてこの契約を取り消すことはできない。

どうです？　これで過不足なく，必要なことが盛り込まれているでしょう？

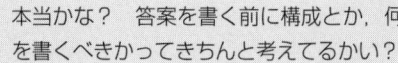
本当かな？　答案を書く前に構成とか，何を書くべきかってきちんと考えてるかい？

え，これじゃダメなの？　なんで？？

答案例②　慎重に答案を書くPさんの答案

問は「未成年者を理由として契約を取り消せるか否か」
　→最終的な結論は「取り消すことができる」か「取り消すことができない」だな

（規範）未成年者の法律行為の取り扱いに関する原則（民法5条）と例外
　　原則：取消し可
　　例外：追認擬制，法定追認，消滅時効，詐術
　本件は「制限行為能力者の詐術」（同21条）に当てはまるかどうかによって決まる

　　　　　　　　↓
そのためにはこれらのことを書かないと……
・なぜ「詐術に当てはまる」と言えるのか。
　ということを書くためには……
　→そもそも「詐術」ってなんだっけ？
　　Aの行為はその詐術に該当する？

これが「あてはめ」ですね

　制限能力者の取消しの例外っていくつかあるけど，追認擬制とか，ここでは関係ないことも書いたほうがいいのかなあ？
　とはいえ，この問題は21条にいう「詐術」とはどのようなことを指すのか？　がポイントだよなあ……思い切って他の「例外」は捨てよう！
　その代わり，なぜ詐術を用いた場合には取り消せなくなるのかにも，時間的に余裕があれば言及しよう

② Pさんの答案

民法上，一律に一定の満年齢により未成年者とされた者は行為能力が制限される。Aは17歳であり，民法第4条にいう未成年者である。未成年者のなした意思表示は，事後的であっても，原則，本人もしくは法定代理人が取り消すことができることとされる（民法5条）。これは，意思能力が十分でない者，または，意思能力は十分であっても財産取引にそれほど習熟していない者を，不利な法律行為をなし不当な義務を負うことから保護する趣旨である。

もっとも，未成年者が法定代理人の同意を得ずに単独でなした法律行為であっても取消すことができない場合がいくつかある。そのうちのひとつが，制限行為能力者が，詐術を用いて行為能力があるように見せかけ，相手方がこれを信頼して法律行為をなしてしまった場合である（制限行為能力者の詐術，民法21条）。

制限行為能力者がなした法律行為があとから取り消された場合，取引の相手方は損害を被ることがある。仮に，相手方が制限行為能力者と法律行為をなしていると気づけなかったような場合には，その不測の損害は不意打ちともなり，これを取引の相手方に甘受することを強いるのは酷である。そこで，制限行為能力者が詐術，すなわち相手方に対して積極的に行為能力者であるように装った場合や相手方を誤信するよう誘導し，相手方がこれを過失なく信じた場合には，相手方を保護するため，制限行為

とりあえず，まずは「原則」から書こう，ここは「さらっと」でもいいはず？

ここからが本題だ

時間がありそうだから，制度趣旨にも言及しておこう。どうして詐術を用いると制限行為能力者が保護されないのか……

……そのためには前提として行為が取消された場合の相手方のことを書く必要があるな

能力者が単独でなした行為であっても取り消すことはできなくなるのである。

　本件の場合，AはBから契約書に年齢と生年月日を書くことを求められた際に，単に年齢を偽っただけでなく，生年月日までも偽り自らを成年者であると表示した。このことに鑑みれば，Aは積極的に行為能力者であると装ったと考えることができる。つまり，Aの行為は民法21条にいう詐術にあたるといえる。

　したがって，Aが本契約を取り消すことができるかどうかは，BがAを成年者と誤信したことに過失があるか否かにより決まる。Bに過失があるとされる場合，Aは本契約を取り消すことができるが，Bが無過失だとするとAが事後的に本契約を取り消すことは，Bにとっては酷である。この場合，Aは未成年者であることを理由にこの契約を取り消すことはできない。

以上

> えーと，詐術ってどういうことを指すのか，これが重要なポイントだな……

> 問題文のAがしたことが，詐術にあてはまるということも書かないと。つまりAの行為の評価だ

> Bの善意無過失については問題文に情報が少ないな。場合分けして書いておこう……

先生からのアドバイス

・あることを書くために前提として書く必要があることを省略しすぎるのはNGです。
Sさんの答案（答案例①）もたしかに間違ってはいません。でも，これだと「どうして問題文Aの行為が『詐術』に当たると言えるのか」が説明不足です。これに対して，Pさんの答案（答案例②）ではそこがきちんと書かれていますよね。

・答案をはじめとする法学の論述は「説得」するためのものです。結論が正しいか正しくないかとは別に（問いによっては正しい唯一の結論がない場合も多くあります），その根拠，理由付けも十分でないと，その結論でいいのだと読み手を説得することができません。

・たとえばＰさんの答案，「なぜ詐術を用いてなされた法律行為は制限行為能力者がしたものであっても取り消せないのか」まで書いてありますね。これはなくても答案は成立するかもしれません。「何を書くか」は時間との兼ね合いもありますので，時間がなければ省略すべき部分でしょう。しかし，これは「書く必要がまったくない事柄」なのでしょうか。法律に規定があるから本件は取り消すことができない，だけでなく，その実質的な根拠にも触れることにより，説得力が増すと言えます。

・何を書き，何を書かないでおくか。とても難しい問題です。答案を書き始める前に，結論に至るまでに何を書く必要があるのか，持ってる材料を取捨選択して，全体としてどう答案を書くべきかを考えること，すなわち「答案構成」をしていますか？　できれば走り書きでいいので，何をどの順番で書くのかについて簡単にメモを書いておくと，それが答案の「目次」にもなるでしょう。

その他

**Q09+ One more thing!
判例を構造的に読んで
答案作成の参考にしよう**

学生からの QUESTION

行政法の事例問題って見たことない条文がたくさん出てきます。どうすればいいですか？

判例学習のときにもっと工夫してみよう！

　判例学習をするときに，**判例を構造的に読む訓練**もあわせてやってみましょう。判例百選などの判例教材で引用されている判旨は，①「一般論」（判例準則），②本件の事情，③「一般論」に「本件の事情」を入れ込んでみた「あてはめ」を経て，結論につながっています（この三つの関係がわかるようなかたちで引用する工夫がされていることについて，[→ゼミ Q08]）。

　特に行政法の事例問題では，学習者が「見たことない条文」（学習用六法に載っていない法律や条例）を扱うことが求められます。平成 30 年予備試験・行政法問題を例にすると，「Y 県消費生活条例」なんて誰も知らないですよね？　どう扱ったらいいのか，どんな順番で書いたらいいのかわからない人も多いはず。しかし，判例を上記のように構造的に読む訓練をしておけば，これまでの判例が

①**一般論**(ここは教科書でも習う内容)を②**具体的な事情**(ここに「見たことない条文」も入ります)について,どのように③**あてはめ**ているのかがわかるはずです。この問題でいえば,①行訴法3条2項の処分性について,最高裁判例が示した考え方や判断のポイントについて述べた上で,②Y県消費生活条例がどのような構造になっているのかについての説明をし,最後に③処分性判断のポイントを条例の条文構造にあてはめた場合どのような結論になるのかを書けばよい,ということになります。答案の構造と,判例の判旨の構造はよく似ているのです。

以前,「判例とは『異常事態の所産』である」と説明したことがあります(横田明美『カフェパウゼで法学を』8頁[→85頁])。これまでの考え方ではしっくりいかないからこそ,最高裁まで争った結果である……ともいえるからです。ある法におけるある用語・概念の**「定義」**を覚えるときには,これまでの一般論に挑戦した結果である**「異常例」**と,その条文や理念がぴったりあてはまる**「典型例」**を両方セットに覚えることがとても大事です。なぜかというと,このような具体的なあてはめまで見据えたときの「ものさし」になるからです。授業中に先生が説明したときや授業外の自習で読んだ教科書には**「典型例」**と**「異常例」**が両方出てきているはずですので,ノートを補充するとき[→ゼミQ07]にも書き込んでおきましょう。また,これまでの判例において,ある要件が認められた例と認められなかった例とを対比して覚えていくときには,判例六法をサブノートにするのも便利です[→ゼミQ07]。

なお,答案構成メモの作り方や,手順を決めて答案をつくるやり方についての横田の考え方は,前掲『カフェパウゼで法学を』のwork4(146-147頁)に書きましたので,あわせて参照してください。

法学学習特別ゼミ　おわりに
「試験勉強だけが法学なのか？」

特別ゼミの中で，「なぜみんな法学を勉強するのか？」という疑問が根源的な問いとして見つかりました。司法試験のため，卒業単位のため……等々，試験を目指した学習が意識されているけれど，法学を学ぶことの目標や成果は本当にそれだけでしょうか？

　行政法は「法解釈学」だけでなく，「制度設計学」でもあるとも言われます（大橋洋一『行政法Ⅰ〔第３版〕』〔2016年〕1頁）。これは，法というツールを使って，社会の枠組をどう作っていくのかという視点が示されています。このような考え方を，政策のためのツールとしての法を考えるという意味で，「法政策学」とも言います。皆さんが学んでいる「法学」のルールや考え方は，紛争を解決するだけでなく，より良い社会を設計するためにも使えるはず。
　例えば，「新しいビジネスを立ち上げたい」という夢を語るヒトと一緒に仕事をすることになったら？　法学は「アレは危ない，これは訴訟されるかも等と足を引っ張るだけ」と思われがち。でも，既にこれまでの紛争で明らかになったリスクを避けることができれば，より良く，より高いところまで手が届くようになるはずです。「もっとこんなやり方があるよ」と提言できるのもまた，法学を学んだ皆さんの良さになると思います。ぜひ，未来を作るための法学の「使い方」を考えてみてください。（横田）

　なるほど，本書でも「どのように定期試験に備えるか／答案を書くか」という内容に多く言及してきましたね。ただ，試験は学習成果のあくまで一部にすぎません。法学を学ぶ過程で大

切にしてもらいたいことの一つに,「言葉との向き合い方」を挙げておきたいと思います。というのも,実定法上の問題の解決は,条文の文言をまずは丁寧に読むことが出発点となります。教科書や判例も同様に,その記述の意図を正確に汲み取らなければなりません。そして,たどり着いた結論は,適切な言葉を選択しつつ論理的にその根拠を示すことが不可欠です。

法的問題に限らずどのような事柄でも,「自分はこう考えた。これが正しい」と独善的に強弁するだけでは誰の賛同も得られません。「言葉」を駆使して相手を説得する必要があるのです。そのための作法の多くが,法学学習には詰まっています。これを身に付けることには,試験対策以上の意義があると考えています。(堀田)

教員として法学部に着任してから,学生との関わりのなかで「なぜ法学を学ぶのか」ということを考えるようになりました。司法試験の受験を一度も考えたことのないわたしにとって,「(司法)試験勉強だけが法学なのか?」はその延長線上にある,足を洗うまで考え続けていくであろう問いだと思います。

社会で起きているあれこれについて考える際のものさしは多種多様です。どのものさしを使うかというとき,それは必ずしも法である必要はありません。でも,法や規範,さらには制度を論じるときには「理想」や「あるべき状態」が頭にあることが多いですよね。最終的には妥協が必要だったとしても,理想論を堂々と語ることができるのは貴重ではないでしょうか。青臭いかもしれませんが,社会を少しでも理想に近づけること,より良くすることにつながりたい,法学はそういう志を叶えられるかもしれない学問だと思ってわたしはやっています。(小谷)

おわりに

　執筆者紹介にもあるとおり，共著者は法学研究者としての専門・担当科目も，出身大学・大学院も，教えている大学もばらばらです。本書の元になった法学教室451号（2018年4月号）別冊付録（Part1・Part2部分を収録）の時点から，「どうしてこの3人が？」という質問をいただいていましたので，ここで本書の経緯について紹介します。

　実は，私（横田）が別冊付録の依頼をいただいたときに，「学生の疑問に真面目に，しかしフランクに答えようとする」姿勢が，Twitter上での投稿（ツイート）から透けて見える友人達に共著をお願いしたのです。その意味で，本書は「Twitter発，雑誌付録経由」という，これまでに無かったかたちで産み出されています。

　別冊付録としての反響は思いのほか大きく，おかげさまで書籍化することになりました。更に良いものにして世に送り出したい。そこで，読者である学生の皆さんの力を借りました。教員だけでは気がつかない様々なご意見を，自由闊達な雰囲気で出していただけたことに，心から感謝し，御礼申し上げます。

＊特別ゼミ参加者の皆さま（五十音順）＊
井坂夏美・長田健汰・亀川達哉・木内美玖・光明大地・ゴミクルーン・野村春歌・真央・宮坂智・村上将隆・りっちゃん・M.T・Y.O・ほか1名

　「Twitter発，雑誌付録経由」の本書は，企画から特別ゼミの収録，原稿執筆にいたるまで，とても楽しく，明るい気持ちでつくることができました。「真面目に，しかしフランクに」というコンセプトを共有して新しい本の作り方に挑んでいただいた鈴木淳也編集長，清田美咲さん，平紘子さんと，風変わりなこの企画をあたたかく見守ってくださった読者の皆さんに，心から御礼申し上げます。この本が，法学学習に悩む人の支えになれば，とても嬉しいです。

　　2019年2月　　　　　　　　　　執筆者を代表して　横田　明美

法学学習Q&A

Q&A on Studying Law

2019年3月25日 初版第1刷発行

著者 横田明美
小谷昌子
堀田周吾

発行者 江草貞治

発行所 株式会社 有斐閣

郵便番号 101-0051
東京都千代田区神田神保町2-17
電話 (03) 3264-1311 [編集]
　　 (03) 3265-6811 [営業]
http://www.yuhikaku.co.jp/

印　刷　株式会社暁印刷
製　本　牧製本印刷株式会社

©2019, A. Yokota, M. Kotani, S. Hotta. Printed in Japan
落丁・乱丁本はお取替えいたします。
★定価はカバーに表示してあります。
ISBN978-4-641-12609-1

JCOPY 本書の無断複写（コピー）は、著作権法上での例外を除き、禁じられています。複写される場合は、そのつど事前に(一社)出版者著作権管理機構（電話 03-5244-5088, FAX 03-5244-5089, e-mail : info@jcopy.or.jp）の許諾を得てください。